不被愛的女兒

別受困在無法和解、修復的母女關係裡，
不必勉強自己成為母親滿意的女兒

凱倫·安德森——著
陳采瑛——譯

DIFFICULT MOTHERS,
ADULT DAUGHTERS

A Guide For Separation, Liberation & Inspiration
by KAREN C.L. ANDERSON

獻給受既有世代模式而苦的母親、女兒。
獻給在我們這一代之前的所有女性，
她們犧牲了自己的心靈與夢想，
只因為當時的環境還沒準備好，
不重視女性原本與她們希望的樣貌。
獻給在我們這代之後，充滿勇氣、奔放與自由的女性。

目錄

各界名人推薦

「如果你長期為母女關係所苦，絕對不要錯過這本書！它告訴你如何去理解母親的言行舉止，如何去驗證你的見解，最終如何採取有效的策略。」

——蘇珊·佛沃博士，著有《情緒勒索》、《父母會傷人》、《母愛創傷》

「對多數與自己母親關係不和的女性來說，這是一本實用且令人振奮的指引！」

——克莉絲汀．諾瑟普博士，著有《女神永不老》、《女人的身體、女人的智慧》、《更年期的智慧》

「凱倫．安德森以最具同情心與動人的方式，接觸、擁抱與轉述了母女關係中發生問題最根本的部分。安德森以優雅、勇氣與卓越的才華，以坦率真誠與多種角度分享她自己的故事，鼓勵我們效法。加上她清晰與堅定的寫作風格，我推薦每位苦於（各種面向的）母女關係的女性都應該讀本書。」

——吉娜．巴瑞卡博士，美國康乃迪克大學英文與女性主義理論教授、專欄作者。著有《你低下身時，男人會往你的領口看嗎？》

「無論你是否還能與母親聯絡，這本書會為我們生命中最令人煩憂的人際關係，提供健康與從根本改變的模式，為我們樹立典範並啟發出優雅、接受、諒解與活力。安德森帶給眾人的理性思維，如魔法般的讓一切有了美好的改變。」

——蘿拉．萬森，紐約時報與全球暢銷書《這不是你以為的故事》的作者，也是「避風港寫作靜修」的創辦人

「凱倫．安德森探討的母女關係，是現今世界上重大課題的其中之一。當我們瞭解成長時期的經驗對心靈造成的影響時，我們就可以決定讓一切過去。凱倫在本書內提供了詳細步驟，從經驗上我知道這不容易，但卻是我目前做過最重要的事情。讓凱倫引領你吧。」

——布魯克．卡絲提勒，「人生教練學校」的總教練指導與創辦人

「現在或曾經苦於母女心結的人，這是本必讀的好書。不只如此，作者建議的方法還可用於你生命中其他的親密關係或人際關係上。」

——瑪莎．胡德納，
「綠山身心健康機構」總裁與共同經營者

「凱倫．安德森以她真誠、幽默與循序漸進，為受母女心結所苦的女兒們提供心靈安頓與活力的指引。」

——安．依米格，「聽你母親的話」創辦人，
著有《聽你母親的話：她那時說的話，我們現在說的話》

「凱倫．安德森在本書裡提供了動人的故事、實用的工具與聰明的點子，不只對母女關係，也對你其他所有的人際關係有幫助。如果你發現

自己總是受到旁人一而再、再而三的惡劣行為所苦，你一定要讀這本書，最後一定能有所改變。而且只要你改變了，就能改變兩人之間的關係。」

——南西・默海德博士，臨床心理學家

「《不被愛的女兒》展現了令人驚豔的智慧。作者獨特的看法與解析，激發我們思考與他人的互動模式，並做出健康的選擇。無可否認的是，我們成長中受到的教養會影響我們之後的生活方式。這本書促使讀者與領導者去深思關係中的策略，並且能欣然接受作者明智與合理的建議。」

——布蘭達・威爾金斯博士，「SoulPowered」與「BMG管理」總裁

推薦序——

你不是你母親的女兒

凱薩琳．伍沃德．湯瑪斯
（Katherine Woodward Thomas）

我最早有個記憶，是幾十封寫給我母親的信。當時我總是潦草寫完後，就快速藏進房間裡一個小型木書架的後面。它們就這樣塞在書架與牆之間狹窄的縫隙中。裡面揭露的不是奉獻與愛，而是滿滿的怨忿。字裡行間是沾滿淚痕的真心話，訴說著多麼希望自己從未出生。面對嚴格的母親，我不會直接表現，但在她背後，我會把心情傾瀉在紙張上，暴怒又狂躁。

有一天，她進我的房間打掃，發現這批藏起來的信件。她一封一封拆開來閱讀，我則嚇到坐在床上動也不動，幾乎不敢呼吸。最後，她終於抬起頭了，眼裡的怒火與責備直接射穿我。

她用一支木柄刷打了我一頓，沒讓我吃晚餐就叫我直接上床睡覺。我當時八歲。

你會拿起這本書，很可能是因為你也想訴說自己的經歷。或許你也有個不是忽視你，就是想要吞噬你的母親（或是這兩者令人抓狂又不知所措的綜合體）。她可能偷偷地與你競爭，還設局讓你失敗——一個明明該成為你避風港的人，卻讓你覺得沒自信、認為自己沒價值，或讓你一直營養不良。或許你發現自己持續著、一次又一次地被令人抓狂的環境束縛卻感到不知所措；也或許，你覺得自己毫無價值，彷彿做什麼都不對，即使你已經年復一年努力嘗試要取悅這個人，她似乎在某種程度上早已經打定主意不被取悅。

即使你已經成年，但因為經常性的心理匱乏感，或是嚴重的缺乏自信，造成你覺得自己有缺陷。如果是這樣，這些感覺很可能是造成終身痛苦的源頭。例如交出自己的權力，自我放逐，創造依附關係，自我封閉，破壞自己的成功，無法體驗生命與愛中真正的快樂。

如果你有上述的情形，那你來對了！

這本真誠的指引之書，由幫助過很多女性的優秀指導教練凱倫・安德森所寫。它會帶你一步一步穿越迷宮，來到自由的應許之地。因為她自己就親身走過這彎曲小路，找到通往真正自由的大路。現在，透過書頁，她慈愛地點亮光明，帶你跟隨她的腳步，讓你得以踏上同樣的康莊大道。

雖然過去發生的事情錯不在你，但你現在有責任讓自己成長。我真希望能付錢請誰來幫我們做這件事情。然而，如今只有你能讓自己從過去無意間累積的創傷解脫。關鍵在於，你要毅然決然地站出來，拒絕成為童年的受害者，願意正視自己是如何讓傷害持續，最後你才有辦法做出不同的選擇。

這其實是令人欣慰的，表示你現在有能力永遠脫離那些「我不夠好」、「我不值得」等等，任何你以為造成母親無法依你需要來愛你的原因。這也表示你可以成為真正的自己，不用被病態的母親牽連；表示你覺醒成為真實的自己，此後自由過著快樂與健康的生活，並擁有快樂與健康的人際關係。你可以擁有以相互尊重、敬意、信任與真誠關懷等健全特質建立的關係，而不是過去為了保持與母親的羈絆而不得不受限的自我。

至少理智上我們明白，不會因為過去的經歷而受限。然而，有時候很難相信我們竟然經常不斷重複過去，一再地和那個讓自己感覺匱乏、貶低、失落與孤單的人有所牽扯。彷彿我們現在還是小女孩，被丟回童年時的家裡。

因為你無力改變，所以覺得十分沮喪與絕望。你可能渴望、希望與祈禱你的母親終究會改變，看見你是優秀的女兒，認可你的美好、聰明、勇敢與價值。你始終相信，她才握有讓你自由的鑰匙。

這本書想為你揭開的事實不只如此，還有更多讓人振奮的，例如你所想要的自由，根本不是來自你母親為你做了多少改變。完全不是。幾乎可以說，造成你今日痛苦掙扎的主因，與她關係很少，甚至沒關係。如果你還掙扎著想成為生活與愛情中有價值的女人，非常可能是你為了回應母親的行為，而困在你刻意創造出來的「自己」裡。你一直困在她投射到你身上的角色裡，被你自己內化的故事給束縛，就這樣過了幾十年人生直到現在。

真相是，你不是你母親的女兒。你是你。一個獨立自主的成人，由生命奇蹟而產生，具有善良、光明與愛的生物。一個有能力將過去的經歷，轉化為智慧、深度與真實之愛的女性。你現在可以在母女關係之外，重新定義你是誰，發揮生命的潛能。你也可以看看這個可憐女人的真實樣貌：她只是這個星球上另一個脆弱、不知所措的人，正在盡她最大的努力尋找方向。

讓這本書成為你的好朋友，放在床邊陪你入睡。每次在你要打電話給你母親時，讀讀這本書，提醒自己有能力讓對話變好。最後，我鼓勵你運用書中的內容幫助自己覺醒，成為真正的自己，以及你有機會完成的治癒，擁有健康與快樂。無論過去如何，都將成為現在的養分。

本文作者：凱薩琳・伍沃德・湯瑪斯是美國的專業精神治療醫師，也是《紐約時報》暢銷書作家。著有《七週遇見對的人》（*Calling in "The One": 7 Weeks to Attract the Love of Your Life*）、《清醒地分手》（*Conscious Uncoupling: 5 Steps to Living Happily Even After*）

她們讓我的心靈更豐足

感謝馬莎・貝克與伊莉莎白・吉兒伯特

這兩位是我心中的「領頭母馬」

領頭母馬心平氣和，因為她有完美的界線。她知道自己是誰，清楚又沉著，因此其他的馬匹都尊重她。她不讓其他馬匹的恐懼、焦慮或是挑釁影響她。知道自己該做什麼事情，聽從內心的訊號進行。她不需要外界的同意或許可。因為有效與適當的界線，讓她得以完整與堅定的生活。因此，她放鬆又平靜。她屬於她自己。她有一顆開放的心。

感謝凱薩琳・伍沃德・湯瑪斯

凱薩琳・伍沃德・湯瑪斯在促進個人成長上的貢獻是深且廣的。她的作品影響了許多思想領導者，並且對我有著深刻的影響。能邀到她來推薦我的書，我非常感激與榮幸，更是深深地感謝她為世界帶來啟迪。我打從心底感謝你，凱薩琳。

第1章

導師——啟發我的大師們

「導師」很重要。我並非有天醒來就能跟你分享書中的內容，而是從好幾年前我便一直在鑽研、學習，現在仍在進行，未來也會持續下去。我讀了很多書跟文章，參加很多課程跟工作坊，不斷學習並取得專業認證。而且最重要的是，我練習。

我最珍視的導師是布魯克・卡斯提洛（Brooke Castillo，「人生教練學校」的創辦者與總教練指導）、藍迪・巴克萊（Randi Buckley，人生教練與「給好人的健康界線」方法論的提出者）。還有其他人的作品與技巧也深深影響了我，我閱讀、聆聽、練習、參考與受到這些人的啟發：

- 瑪雅・安吉羅（Maya Angelou）
- 布芮尼・布朗（Brené Brown）
- 瑪莎・貝克（Martha Beck）
- 拜倫・凱蒂（Byron Katie）
- 伊雅娜・範贊特（Iyanla Vanzant）
- 克莉絲汀・諾瑟普博士（Dr. Christiane Northrup）
- 喜法麗・薩貝瑞博士（Dr. Shefali Tsabari）
- 佩瑪・丘卓（Pema Chödrön）
- 黛比・福特（Debbie Ford）
- 貝塔妮・韋伯斯特（Bethany Webster）
- 琳恩・佛洛斯特（Lynn Forrest）
- 凱薩琳・伍沃德・湯瑪斯（Katherine Woodward Thomas）

其他相關資訊請至本書書末「推薦參考資料」。

第2章

給女兒們，還有她們的母親

父權制度下最大的謊言之一就是「完美的」女人（這當然包含了母親與女兒）。這個謊言造成了許多跨世代的痛苦、失能與暴力。

如果你是個母親，痛苦疑惑、擔心自己可能是個「難搞的母親」，這倒沒什麼不好，因為你無法透過女兒的認可或原諒減輕痛苦。為什麼這「沒什麼不好」呢？因為你不用依靠她來讓自己好過些。我認為對你最好的方法，就是靠自己，你可以給自己認可與原諒。

如果你是個女兒，你的母親不願意或無法照你需要的方式愛你，我的心與你同在。我猜想她自己應該沒發現，其實在內心深處，她很怕因為沒有成為別人眼中的完美母親，而被綁在木樁上被火燒、被淹或是被丟石頭（無論這是發生在幾百年前的女人身上，或是今日用來比喻），對女性來說，這是集體創傷。

這份潛意識的恐懼以及集體創傷，可以造成一名母親產生辱罵、成癮、或精神疾病等，或是抹煞她女兒想要表現與成為真我的渴望。這不一定是創傷本身的影響，而是認為創傷是可恥的、必須隱藏的信念在摧毀人生。

你可能或多或少期待過會得到一個道歉或聲明；你可能認為母親對解除你的痛苦無能為力或無話可說。

如果母親的道歉無法安撫你的痛苦，這會是一件好事。為什麼？因為你不用等她道歉才能覺得好過。如果你相信你的快樂只能來自母親的認罪，那表示她還是控制著你。我認為對你最好的方法，就是你能夠懷抱自己的膝蓋，安撫自己的痛苦。

身為女人，我們可以無限次獲得共同的母性能量，例如仁慈、勇敢、同情與智慧，這些都能讓我們再度像母親一樣照顧自己。

來，跟著我走下去……

第3章

為什麼我要寫這本書？

會寫這本書，全因為曾經有好多年，我深陷在痛苦、掙扎、自我憎恨的泥淖裡；全因為我有個經歷，關於我媽、我自己以及我們的母女關係。如今，我已經從那個經歷解脫了。在我所遇過的挑戰裡，這是最困難的，也是最有收穫、最強大和最自由解放的一次。

這是我的第一次經歷，也是我無所遁形、真真切切的親身經驗。

那麼，你能得到什麼？

這本書有一部分是**課程學習與觀念**，一部分是**真實生命經驗**。也有一部分是**書寫指引與引導練習**，幫助你將課程與觀念，運用及實現到你的生活裡。

我建議你要特地為這項工作寫筆記。為什麼？因為**書寫是很有力量的，對你很有幫助**。把感到壓力的事件寫下來，可以幫助你面對、接受然後解決，這是有益健康的事。

此外，書寫也能幫你：

- **釐清你的想法與感覺**。深入閱讀本書後，你就會瞭解這兩者的差異。
- **更瞭解你自己**。什麼能讓你快樂有自信？什麼樣的情境與人會讓你覺得傷腦筋？
- **減輕壓力**。寫下不愉快的想法跟情緒，就能開始清掉它們。
- **從更直覺與創意的角度解決問題**。書寫可以開啟直覺與創意，激發出意想不到的解方。
- **整合你的學習成果**。消化你所學到的東西是一回事，實踐又是另外一回事。

最重要的是，你需要勇氣來進行這項工作。當你跟著書的內容匍匐前進時，強烈的情緒可能會湧現上來。你可能會發現自己把所有情緒都走過一輪，從愧疚到憤怒再到悲痛，還有喜悅、歡笑跟放下。

你現在對你母親有什麼情緒都是可以的。即使我們想到自己母親時的情緒（特別是負面情緒），可能是社會、文化跟家族禁忌造成的。但在這裡，沒有禁忌，或是批評。

關鍵是以帶有慈愛的客觀態度參與，用著迷與好奇的眼光檢視自己，而不是粗暴的批判、羞辱和愧疚。

打開你的筆記本，在你跟著本書練習時，為自己設定一個目標。無論你在母女關係中的位置在哪，無論她是否在世，無論你是否要跟她說話，當你設定目標時，想想這三件事情：

- 你希望每一天怎麼感受。
- 你希望的母女關係是什麼樣貌。

● 你希望自己成為怎樣的人，別人又如何看你，不只是在母女關係裡，而是在這個世界上。

請記住：**這項工作是為了你自己，不是你母親。**

理解和實作的重要性

多年來，我收到了從世界各地的女性寄來數以百計的提問，有些我在部落格跟電子報回答了；而有幾百位女性，則是我實際去針對她們的母女關係給予協助。這期間，我對「界線」的概念，有了更深刻與細緻的理解，因此成立了線上、線下的「完美界線工作坊」。藉此，我一邊跟想要改善母女關係的母親溝通，我也同時更深刻探索自己的母女關係，並且有意識地轉化某些傷害我的地方。

這本書是我集結多年心得與實踐的成果，我期望你不僅能理解書中所傳達的概念，進而徹底實行練習，這個很重要！因此，我會經由以下的方式引導你：

- 更深入的個人故事與課程
- 更多書寫指引與引導練習
- 一整個章節的問與答
- 為治療與恢復活力提供更多資源

回到重點，你的母女關係到底有沒有問題？而這本書跟實際的心理治療又有何差異？以下是我跟讀者之間的Q＆A：

Q：我要如何知道自己有母女關係問題？（除了那些顯而易見的情況，例如長期爭吵、界線不明、或者只要想到母親或母女關係時就會焦慮或生氣之外。）

A：你有幾個判斷方式：你跟別人比較，覺得絕望。你覺得被困住、超過了負荷範圍、感覺自己一事無成。或是你做了超出預期的事情卻不覺得開心或有成就感，你只是為了證明自己有價值而勉強自己。你遭遇到以下狀況：

- 羞辱、責罵、愧疚與絕望
- 害怕失敗
- 害怕成功（這是真的！）：相信自己如果成功的話，自己就不會被愛，有人會不高興，或覺得你只是在「炫耀」
- 忍受別人的惡劣行為
- 總是尋求別人（特別是你的母親）的同意、認可與允許
- 取悅別人，無法對別人說「不」
- 承接別人的問題，覺得應該要由自己來解決

- 自我破壞（特別是當你快要完成某件事時）
- 暴飲暴食、瘋狂購物、不理性的瘋迷任何事情
- 想要控制無法控制的事物
- 長期擔憂與焦慮
- 相信把自己放在優先位置，甚至去愛、接受或照顧自己都是自私或自戀的表現
- 情感上覺得照顧別人是自己的責任
- 認為自己的需求與喜好不重要
- 對於自己是誰與想要什麼，沒有明確的想法
- 或是自己想要什麼，卻感覺無法進行或是擁有
- 與他人的界線不明顯或是沒有
- 害怕說出自己的真意與空間需求

如果上述狀況有一個或全部吻合，這不是壞事。你可能相信這就是你，

絕對無法改變。又或許你知道你可以改變，但困難重重以致於幾乎不可能。再者，你可能一直沒有可效法的女性典範可參考。我過去就是這樣，直到我學會（更重要的是練習）本書提到的概念。

Q：我母親必須還活著，我才能從我們的關係中學到什麼嗎？

A：不！這本書所提的學習、觀念與練習，是幫助你如何做出選擇，決定你要以何種面貌呈現於世人眼前。這關乎你的未來，而不是只有你跟你母親的關係而已（無論她是否在世）。

Q：我不想要跟我媽講話／見面／互動。你該不會要我別這麼做？

A：當然不是。對某些女性來說，在生活中遠離母親是最好的選擇。我希望你能在有愛、主動與有力量的位置做選擇，而不是為了對抗跟防衛你母親。

Q：從我小的時候，我媽就很愛罵人跟打人。我應該要原諒她跟忘記她做的事情嗎？

A：本書不是要你忍受或允許任何的虐待，無論是發生在過去或現在。而是要你學習如何述說以前發生過的這類事件，不再讓它們傷害或限縮你，反而讓你能從中得到力量與自由。這也是讓你學習如何建立完美界線，讓你可以阻止還在發生的事情。

Q：我已經聽了其他人的勸告多年，但我和母親的關係從未改善。你根本不知道我媽是怎樣的人！

A：我的目的不是告訴你該做什麼。我只是要引導你成為自己的後盾，無論是遇到你母親或其他人時，你會知道如何完全信任自己。

Q：你的方法跟心理治療有什麼不同？

A：心理治療與人生教練可以美好地同時並存，但是兩者的方式與重點不同。

1. 大部分的心理治療是針對有心理障礙或心理疾病的人，提供診斷與臨床治療。人生教練則可以在客戶的狀態是安好與有能力的前提下，在治療結束後接手。人生教練不提供診斷或治療心理疾病。
2. 心理治療的目標是將人從失能狀態，帶往健康與正常運作的狀態。人生教練則是將高度運作的人，帶往下一個階段，以擁有更有意義與滿足的人生。
3. 大部分的心理治療聚焦在過去，利用童年經驗來解釋現在遭遇到的問題。人生教練則聚焦在現在、未來，以及相信你不需要繼續關注過去就能有改善，然後往前邁進。

4. 心理治療會問你「為什麼」，例如，「你為什麼會有這種想法、感覺跟舉止」，人生教練則問你「接下來你要做什麼？你想要什麼樣的感覺？你會有這種感覺是什麼原因或阻礙造成的？」

5. 心理治療通常是長期的療程。人生教練基本上是短期的。

6. 心理治療師是具有證照的專業人士，而且在有高度規範機構中工作。人生教練不是。

7. 心理治療中認定心理治療師是專家。人生教練則是平等的夥伴關係。

我個人的經驗是，心理治療幫助我識別過去的「病理學」（「你的焦慮根源可能來自你自戀的母親」），這真的很有幫助，但我依舊相信我母親仍持續影響我的快樂能力跟潛能。這個想法以一個「悲傷的事實」存在於我的生活裡。

人生教練則讓我明白，我可以做出不同的選擇，但我必須先做好準備面對不同選擇的後果。而人生教練會協助我對未來負起責任，也讓我理解：當我們懷抱夢想／目標時，實現過程中遇到的阻礙，往往來自隱藏於我們潛意識中的過去事件，不停向自己述說可能會發生的事。

第4章

活在二擇一的世界

你在母女關係中，是否經常陷於全有或全無，或者不是A就是B的極端狀況？或許你還認為面對母親時，一定要做出防衛、抵抗來保護自己，不然就只能俯首屈從，任由她予取予求。

或許你也一直拚命讓你們的對話維持在表面與淺層，以免墜入情緒深淵。

有時候你甚至會擔心，如果不把她從你的生活驅離，你將會一輩子被她綁住。

上面這些描述沒有一個是讓人愉快。事實上，光是想到你們之間的關係就讓你筋疲力竭。

以前我的母女關係就是讓我有這樣的感覺，我也與其他女性一起研究過這個題目，我發現有類似感覺的人，比你想的還要多。

好的時候，只是有一點討厭或感覺受限；糟的時候，令人緊張，覺得像無能為力的憤怒那樣令人無奈。藏在底下的是悲傷，也許還有說不出口的哀痛。

我曾經在這個極端的狀況下過了幾年。現在回頭看，如果當時有人對我說，不用過得這麼辛苦，我只會說「你不知道我媽是怎樣的人」。那時的狀況真的相當棘手，找不到半點能讓人好過的解方。

現在我懂得比較多了。我知道有無窮的選項，不是只能全有或全無。明白這點後，隨之而來的是無限的自由、和平與主控權，做決定時也能感到自信，覺得自己做得好做得對。然而，這裡說的做決定不是為了你母親，不是為了避免衝突，或是為了徵求她的同意。

講到你跟母親的關係，我很確定：你不像自己覺得的那樣毫無力量，你可以做出讓自己覺得好、覺得對的決定。

我曾經被指責(多數是被母親)說我企圖加深成年女性與她們的母親之間的裂痕;我也被指責(多數是被成年女兒)應該要激烈到「不相往來」才對。

如果你在情緒上與母親糾纏不清,或是母親對你冷淡、漠不關心跟挑剔,這本書是為你而寫的。你很可能是個不太有自主性的人(所謂的自主,就是你在並未受到脅迫的情況下,有能力經過思考,主動地做出決定;你也可以不受母親影響,自由自在地做自己)。你在下意識中,會相信母親的意見、需求、價值觀與欲望遠比你自己的更加重要。

也許出於某種原始本能,你害怕如果選擇忠於自己而不是母親的話,會有什麼壞事發生。

我希望你能從這本書學到如何保有自我,成為一位情緒獨立的女性。

你會領悟到你是自己唯一需要負起情緒責任的人。

你會發現當你將焦點放到自己身上時,例如你的價值觀、欲望、需求與喜好，神奇的事情發生了：你在母女關係（無論你是否見到她或跟她說話）之中的樣子，將會以你過去不敢奢求的方式改變。

你也將不再能容忍虐待跟失能的行為。

你信任自己，擁有並掌握自己的界線，不是出於防衛或被動，而是出於堅定與理智。

而這對你和所有的女性來說，都是最仁慈與尊重的對待。

像「分開」跟「連結」這類字眼，對大多數人而言都帶有情緒。其實，這些字眼並不帶有情緒，它們可用於描述想法、意見跟觀點，而這些描述卻被認為帶有情緒。它們表達的是你的觀點，而非情緒；是你的觀點產生了情緒。

區分這兩者的差異是非常重要的，因為如果你用這些字去描述情緒，你一定會感覺無力。

如果你的情緒受母親影響，就無法得知自己的想法與情緒從哪裡開始，而她的情緒又在哪裡結束。

你母親將會相信為了要讓她感到快樂，你必須以某些方式思考、感覺與行動，所以你就無法知道自己真正的想法與感覺，或你真正想要的是什麼。

你也一樣會相信：為了要感到快樂，她也必須以某些方式思考、感覺與行動。

她會從她的感覺去推論你的感覺。

而你也會從自己的感覺來論斷她的感覺。

我相信真正的連結或許有些自相矛盾，但要做到真正的連結是可能的，只要你跟你母親都是獨立自主的女性，有著自己的想法、情緒、夢想與欲望。只要你們兩人都瞭解自己、愛自己跟信任自己，並以此建立起有愛的界線。而這界線會讓你們彼此都能做自己，無論是好的、壞的、醜陋的，那都是最好的自己。

幸好，建立界線這件事不需要你母親的參與。她不需要像你那樣——或是你認為她應該要的那樣——去瞭解自己、愛自己跟信任自己。

只要你跟自己越加緊密，你就能跟母親有更好、更自在、更多的空間去連結，無論她正處於人生的哪個階段。

情緒上與母親「分開」是解方也是良藥，我們不需要修理或治療情緒，我們也不需要追求和平，因為那就是和平。

第5章

覺醒

我記得很清楚。我媽站在前院，手上拿著一封她打算要寄出的信。她高高舉起，大喊：「我要離開我媽！」

我當時二十出頭，她四十多歲。我一點也不吃驚，她跟我外婆不和早已不是祕密。我媽經常說她絕對不會像她媽對她那樣對我。我已經聽過她們之間的事，我為我媽感到心痛。

例如有一次外婆對我媽說：「如果我有錢，我就要讓你去整容，修修你那張臉。」

我媽在她高中班上可是被封為班花的。她跟我講過好幾次這段往事，我知道她很受傷。

我外婆是個大美女，我媽也是。就像她們那個世代的許許多多女性，外貌就是一切。她們的長相與性徵（但不可露太多）就是本錢。這個想法烙印在她們腦子裡最深最原始的地方，相信這就是女人的生存之道。

我還記得大概是八、九歲，我媽帶我去看小兒科醫生的那天，是我第一次覺得自己身體一定哪裡出錯了。因為等我們看完醫生回到家，她竟對我繼父說：「醫生說她很大隻。」這語氣很明顯混合著嘲笑、恐懼跟厭惡。

我十二歲的時候，我媽要我節食。我重讀高中時的日記，裡面寫滿了覺得自己像頭豬，恨自己為什麼要吃那麼多。

我媽跟外婆一直都很關心我的體重。但回頭看當時的照片，我只能搖搖頭，我的體重根本沒有問題！我現在認為，我媽那時擔心的兩件事，一是有意識的，另一個是無意識的。首先，她擔心要是她有個胖女兒，旁人會怎麼看她。再者，她擔心萬一我有個肥胖身材，就沒有男人會愛我、照顧我。

＊＊＊

進入青春期後，我相信我跟我媽之間有典型的母女衝突，但我也以為我們的關係不同，至少比她跟外婆的關係要來得好。我媽經常說我們很親密，甚至是「好朋友」。我現在知道她是刻意要我們的關係跟她與外婆的不同。

但我當時不知道的是，我跟我媽並不是真的親密，我們只是彼此依附，隨著對方的情緒起舞。當時我們都是單身，兩人一起去夜店喝酒，跟那些說我們是姊妹的識相男人調情熱舞。她幾乎全面性地參與我的生活，只要我想區隔某些事物，她就會表現出受傷或生氣。因為我下意識地會在任何方面渴求她的注意與認同，我都照著她的要求去做。

其實那時候，我並不明白我們的關係有多不健康。

時間快轉到我二十五歲，時間是二〇一〇年底，我也離開我媽了。只是和她不同，我不是寄紙本信，而是發了一封電子郵件。即使她（或我們）渴望一份不同的、更健康的母女關係，我們終究沒逃過那些彷彿刻進石頭的模式。我媽無意識地表現出某些態度與行為，而我也無意識地接收了；然而當我想要自立，脫離母親獨立生活，就影響到我們的關係了。

我接下來會告訴你一些讓局面演變，使我相信離開母親有理的事情。但更重要的是，我現在終於有所領悟，當時我以為別無選擇，以為只要離開我媽，選擇不再跟她聯絡，就能解決我所有的問題。

但後來，我發現自己才是執著於母女關係的那一方。只要有人願意聽，我就會把自己的傷痛與憤怒，把我媽怎麼誤了我的細節，一股腦地傾瀉出來。我那時沒有意識到這份信念不健康，甚至相信這一切都是我媽造成的。

當我接觸到「受害者情結」時，一切就明朗了。在那之前，我抗拒接受我可能是受害者，因為在我們家，「成為受害者」是很可恥，而且必須不計一切代價避免。我非常推薦琳恩・佛洛斯特（Lynne Forrest）的作品，她的《超越受害者情結》（*Beyond Victim Consciousness*）裡有完整的說明，但容我簡述基本概念如下：

想像一個倒三角形。這個倒三角形的最底部的角是「受害者」，左上方是「加害者」，右上方則是「拯救者」。請注意這兩個角色的地位都高於受害者。

當處於受害者情結時，我們就會扮演這三個角色的其中之一。重點是，要認清這三個角色並沒有優劣之分（特別是當關係裡都是成人時）。「拯救者」不是「好人」。事實上，「拯救者」跟「加害者」基本上都是「受害者」的誇大版本。

這個機制，小則家庭內，大則全世界都在運行。

佛洛斯特說：「受害者覺得自己柔弱且無法照顧自己，所以他們經常找人來拯救自己。拯救者則認為自己的需求無關緊要。他們相信只有在照顧他人的時候，自己才有價值。因此他們經常需要有人讓他們照顧。加害者相信世界是個不安全又可怕的地方，他們經常覺得需要保護自己，避免受到外界的傷害。所以當他們對別人或是某些狀況感到生氣時，只是因為他們在保護自己而已。」

無論你從哪個角色開始，最終你一定會扮演到另外兩個角色。如果你是受害者，你一開始覺得委屈，接著為了改變模式，你認為你正在保護自己，卻可能換成加害者。或者，為了要覺得自己很重要，而換成拯救者，因為你正在照顧受害者。

事後回想起來，我跟我媽經常繞著這個三角形，扮演這三個角色。後來，就在我脫離我媽沒多久，我竟然成了外婆的法定監護人。因為她的孩子住在其他州（有一個住在國外），而我住在離她約九十分鐘遠的地方，所以我理所當然接下這個角色。另外還有個原因，就像我之前提過，我媽跟我外婆的關係已經到了相當緊繃的地步。

等到外婆已經明顯無法一人獨居時，我讓她搬到養護機構，清空房子，出售。在準備出售房子前，我找到一批往返的信件，那是她跟我媽寫給彼此的。時間從我媽十八歲上大學開始。

我珍藏著這批信件，因為它們讓我恍然大悟，我們母女這幾年某些互動的狀況簡直就和這些信件一樣。某些信裡寫著基本的日常生活報告，某些則寫滿了憤怒、傷害、控訴與不知所措。

我甚至還找到了我媽寄給外婆，那封知名的「我要離開你」信件。我寫出這件事情的重點在於，無論我們說什麼，無論意圖是什麼，身教的影響才是最大的。我不是說我離開我媽是因為我學她，也不是在說我們兩個當時做的事情是對或錯，我只想強調：**如果沒有覺察跟坦承，失能的模式就會延續下去。**

雖然我選擇不生孩子，但我看到了這些模式是如何影響到我其他的人際關係，從我的婚姻，同父異母的姊妹，到繼子女。我曾經是個苛刻、愛挑剔、有控制欲，有時甚至是壞心的人。我對待他人的方式，就跟我媽對其他人或對我一樣——還有，跟我對自己的一樣。我的日常就是處在衝突狀態，而我已經習慣了。

我不是責怪我媽或外婆，而是在探討這些模式。在一個女性未能獲得公平評價的文化中，上一代延續下來的，是身為女人無意間所感受的痛苦——

「你不夠好」這一類苛刻的自我評論，或來自他人的批評與貶低。

這種痛苦從過去延續到現在，女人傳給女人，母親傳給女兒，傳了好幾世紀。

他們對我們說「只要做你自己」，但卻利用某些例子教導我們要成為別人。我們要符合規範、合乎標準、聽話、服從，如果沒做到，我們就會被指責是自私或是標新立異。

想像一下，幾個世紀以前，有女人真的（或受威脅）被綁在柱子上遭到火燒，被石頭砸，被淹入水中，只因為她們做了真實的自己，展現真正的自己。特別是那個「自己」是被視為邪惡、魔法、狂野、直覺、不適當、太性感、太瘦、太胖、太招搖、太聰明……這樣你應該會懂。

時間再回到二十世紀初，手段不再是謀殺，而是將女人貼上「歇斯底里」的標籤，丟到精神疾病機構裡關起來，說這是「為了她們好」。

時至今日呢？謀殺跟禁閉依舊存在，特別是有色人種女性，其他更多以透過媒體進行羞辱、騷擾與威脅。

這樣就說得通了，為什麼我們的母親（祖母、曾祖母）總在責備我們做了什麼將會害自己嫁不出去，因為歷史上多數的案例顯示女人一定要嫁得出去，因為女人無法靠自己過活。

就這樣，一代傳過一代，女人有兩個普遍（通常是不知不覺的）互相衝突的需求：一個是，我必須忠於自我，展現真我。另一個是，我必須保護自己免於被綁到柱子上受火刑，所以我會壓扁、塑造與扭曲自我，才能「不被貼標籤」，被視為「合格」。

當然，我們的母親覺得需要保護女兒，但她們同時又想示範獨立自主，又想要保護她們自己，也同時受到「要完美地做到面面俱到」的壓力，但或許又同時酒精或藥物成癮，產生精神疾病，也有可能只是表現出嫉妒或悶悶不樂。

這個世代之痛是造成人際關係失能的重要原因之一。這些想法與模式潛藏在我們生活背景裡，難以察覺。我們只知道無法感到滿足，我們的人際關係有欠缺且貧瘠。

慶幸的是，我們不用接收上一代傳下來的缺失，不需要指責我們的父母（或我們自己），重要的是去瞭解、接受與練習。同時，我們也能明白，可以不用受苦就能完成這件困難的事，而且這很可能是我們做過的事情中，最快樂與有成就感的事情了。

我在一開始，是因為總覺得自己不夠好，而在誠實地面對自己和覺察下，我決定開啟心理治療的大門。這個決定不只是為了我自己，也是為了我媽、我外婆，還有許多人。然而此時，我已經走過了那扇門。

我相信自己不只被治癒了，而且不會只限於現在，也包括過去的世代（雖然我相信光是治癒自己就已經夠好了），甚至會讓未來變得更好。

當我們選擇正視與治癒母親所給的影響，便能將本來讓我們感到疲憊與痛苦的事情轉變成智慧、創意與平靜的來源。我們將從強迫自己「應該要」一直快樂，到變成有活力與覺醒；從以為自己有問題而需要被修理，到明白自己是完整與完好的。

首先，請你用誠實與慈悲的眼光去看待你的母女關係，問自己已經從母親那裡接受了什麼，之後要傳承什麼。如果那不是你要的，就治癒它。

世界和平始於我們每個人的內心。

第6章

「那麼告訴我，你跟母親之間發生了什麼事？」

經典台詞，對吧？我看過的每位治療師，無論是走傳統或另類路線，無論我的問題從暴瘦到焦慮，（最後）都會問這一句。

還有我讀過的所有書裡，與有毒家人與「壞」母親有關的，也有。

向治療師傾訴能讓我感覺非常安慰，讀這些書也能讓我感到自己不是孤單的，可是這些洞見與經驗卻不能帶給我真正與長久的自由與平靜。而這並不是治療師或那些書籍的錯。

雖然辨認與瞭解母女關係問題能夠為病理學提供脈絡，但卻未能指出一條往前的道路。相反地，這可能限制我們的成長與潛能。

這種做法，可以讓人找到一個說法令自己寬慰，但也同時讓我們有正當理由去感覺憤怒、悲傷、苦澀、失望與反抗。另一方面，把自己母親負面的事情告訴各種我找到的線上支持團體，閱讀其他女人類似的經驗，的確令人感覺暢快（雖然也累人）。

此外，這些團體似乎一直幫我維持在脆弱的狀態——諷刺的是，這種狀態通常會出現在母女關係中：很多女性分享說，她們似乎只有在痛苦脆弱的時候，才會受到母親的關注；而神采奕奕、發光發熱的時候，母親的反應卻非常不同，從忽視到斥責都有。

我有類似的經歷，甚至還變本加厲進入病態的指責模式，只因為我認為這一切不該發生：我媽不應該這樣子、我不應該這樣子、我爸媽不該離婚、過去所有不好的事情都不應該發生。

夾在「應該」跟「不應該」之間，根本永無寧日。

儘管我並不喜歡感到生氣、悲傷、苦悶、失望與激動——這些情緒可是受到專家、治療師、支持團體與書籍，還有朋友與家人的認可——所以當時我想，我可以名正言順地感覺這些情緒，但我不要接下來的人生都一直感受它們！

心理治療、勵志書和支援團體都為我們的痛苦提供了正當理由；我的個人經驗是，這也讓我有理由維持在自我比較低下的狀態。**許多女性無意識地相信：我媽是個「人格障礙、心理有病或是有上癮症狀」的人，所以我完了。**

其實，真的不用這樣。

感覺到所謂的「負面情緒」並沒有不對。我們要做的也絕非不生氣、不悲傷、不愧疚或是不激動，而是**要為這些情緒負起責任**。（如果這番話有觸動到你，請繼續讀下去，你以後會感謝我的。請想像我對你微笑的模樣。）事實上，為了過去，為了自己，為了那些你希望擁有卻不曾擁有的，感覺到悲痛是完全自然與正常的，甚至是無比重要的。

但是——就是這個「但是」——如果你週期性地生氣、悲傷、苦悶、失望與激動，你很可能就不會意識到自己要為這些情緒負責。你要不就是相信自己別無選擇，要不就相信是母親的關係導致你被迫感受這些情緒。久而久之，你發現自己被困住了，也無法跨越這些痛苦，所以你只好一次又一次地述說你和母親之間的這些事。

對於這觀點，你現在可能還摸不著頭緒，但你可以先試想，在你難過及感受到那些情緒時，你可以同情自己，但你母親呢？她恐怕沒辦法同情你，或是這麼看待自己。不過，這很值得我們試著去練習理解。

或許你會問我，在進行練習期間，有時會不會覺得不舒服或是害怕？我的回答是：「會！」有時候我會覺得自己完全壞掉，無法修理，逃不開命運的操弄，命中註定只能過著凡庸的人生。然而我漸漸才知道，我那時錯了，錯得離譜。

第7章

你的母女關係出了什麼問題？

許多女性都有一個母女關係的故事版本。她們以此定義自己，限制自己，甚至做出評斷，責怪與羞辱自己。有趣的是，她們描述母女關係的問題，看起來似乎都跟母親沒有太大的關係。

比如：

「我不夠好！」

「我無法擁有我要的。」

「我要什麼無所謂。」

「我不知道自己要什麼。」

「我希望有人來告訴我該怎麼做。」
「我受不了了。」
「我克制不了。」
「我壓力好大！」
「我以後再來照顧自己。」
「我以為自己是誰？」
「我無法拒絕。」
「我是個控制狂……我就是這樣的人。」
「如果我不做，他們會生氣的！」
「我真的很火大！」
「我付出的還不夠嗎？」

這不表示你沒救了，也不表示你很軟弱、可悲或是個輸家；更不代表你將沒機會成為美好、有力量的女人。這描述只能說明，你的腦海中有個盤旋不去的信念模式，換句話說，就是有個故事存在。

這就是本書的重點：檢視你的故事，並從中解脫，讓你可以回到自我，成為一位自主、強韌的女性。你會累積更多覺知的時刻，你可以實踐、造就未來的你。

「擁有我們個人的故事，並透過這個過程愛自己，是最勇敢的。」

——布芮尼・布朗（Brené Brown）

我過去以為擁有自己的故事，就是跟願意聽我訴苦的人，說我媽對我做過與說過的事情。當我讀到布芮尼寫的這段話，我不懂為什麼她說這很勇敢，因為我不覺得有什麼勇敢可言，只感覺到無處不在的自我辯解與罪惡感。

其實，以前我根本不懂，但是當我真的做到了，真的擁有我個人的「故事」時，我才明白為什麼布芮尼會說這很勇敢。

那麼，「故事」是什麼？我是這樣區分的：發生過的事情是「事實」，然後我們為事實賦予意義，特別是關於自己與母親的部分。這就是「故事」。

在「故事」中最重要的是我們訴說的方式，以及我們從中得出的意義。人類天生會創造意義，既然意義來自於回顧過去，我們便有機會**讓意義不要阻礙自己**，如此一來便能**成就自己**。我們的「故事」永遠有辦法做到這兩者。

多數女性都有關於母親的故事。有些發生在童年，有些在近期。以下是我面對的一些案例，在描述故事時所說的話：

「她虐待我。」

「她是個酒鬼。」

「她很憂鬱。」

「她不在乎我。」

「她很自戀。」

「她取笑我。」

「她睡了我的男友。」
「她總是毀了感恩節。」
「她一直遲到。」
……等等。

而我以前是這樣說我的故事：

我的父母在我三歲時離婚，然後我媽跟一個有暴力傾向的酒鬼再婚。他們兩個都喝多了時，會對我、對彼此暴力相向。我在一個混亂又暴力的環境下長大。

我媽也管我管得很嚴，還叫我節食，即使我根本沒有體重過重。她嫉妒我。等我大一點，狀況變得更嚴重。

她沒有界線的概念，所以我沒有自我（因為她控制了我），只能讓她持續摧毀我的人生。每次我想試著反抗，她不是讓我覺得愧疚、退縮回去，就是對我使出威脅或批評的手段。我覺得如果沒有我媽的允許，我根本動不了。當我想做點自己喜歡的事情，她就會開始批評。

我從小學高年級就開始暴飲暴食，體重直線上升。我的異性關係接連以失敗收場。我對她除了恨，就只能讓自己任由她糟蹋。我也不想要這樣，但我得保護自己。基本上我已經沒有自尊心了。因為我母親，我的人生爛透了！

幾年前我終於跟她斷了關係，以為這樣人生就會一帆風順，結果並沒有。多數時間裡罪惡感折磨著我，還有恐懼。我經常覺得氣得要死卻又無能為力。

你可能會想：「凱倫，發生了這些事，你當然可以生氣啊！這是人之常情。」是啊，在我人生的某個階段裡，我是個受害者。但我的故事並沒有給我力量，反而困住了我。

怎麼會這樣？因為我想到自己就不自覺地感到受苦，我會對自己做這些痛苦的述說：

「我沒有力量。」

「我應該要覺得慚愧。」
「我好丟臉。」
「我不知道自己要什麼。」
「她知道什麼是最好的。」
「做自己不OK。」
「我的身體是個錯誤。」
「任何我想要的東西，也都是她的。」
「我很笨。」
「我不負責任。」
「我無知。」
「我沒救了。」
「我很可悲。」
「我太超過了。」
「我塞不進我的五分褲。」

「我不可能會贏。」
「我沒辦法照顧自己。」
「我不相信自己。」
「我不信任她。」
「我很壞、很傻、很笨，只能照著她說的做。」
「我很自私。」
「我的感覺都不是真的。」
「我不知道自己真正的感覺。」
「我應該把自己的感覺關閉起來。」

我過去就是這樣告訴自己，我是個怎樣的人。我就是那個對自己下定論的人。

後來，「勇氣」出現了！我終於看清一切，原來這些都是我造成的。是我創造了那個「故事」，讓自己被它傷害。

現在回想，我能生出勇敢看清楚，可能是我從經驗裡自然學到的，也有可能是透過我媽與外婆，或是本來應該要愛卻對我做了某件事的人。

但我當時不必內化我所看清楚的部分，或是將故事永遠烙印在身上。這不會讓我的人生有所不同，或是實現我可以成就的事。反而是當我抓著這個故事，當我明白過去對自己做的事情時，我深深地覺得羞愧。即使是現在，我依舊可以感覺到羞愧如針刺在我的臉上。

後來呢？我明白了自己是多麼的有力量，並且把它取名為「喔耶——喔幹」的時刻。

在這個時刻裡，從我的靈魂甚至細胞，我用自己的思想與情感去感受到生命的全部：不論是好的，壞的，醜的：痛苦、快樂、愧疚、羞恥、悲痛、狂喜、愛、悲傷。

首先是：「喔耶！」

我創造了喜悅！我創造了痛苦！我不用依賴任何人！我不用責怪任何人，甚至我自己！你看我多有力量！我還可以創造什麼？「喔耶！」

接著是：「喔幹！」

等一下，什麼?!我對自己做了什麼？如果我有力量，這代表什麼意思？我現在要為了什麼負責?!

事實是，我無法回到從前，回到那個相信自己沒有能力去創造的自己，但畢竟那一切都是曾經看過與感受過的，也不能再無視或無感。

我花了許多年在心理治療上，還閱讀了關於「沒有能力去愛」與「自戀的母親」的書，沉溺在我的悲傷故事裡，覺得自己困住了、無能為力，因為自己曾經有這樣的過去，所以相信自己沒有辦法改變。

這本書不是要挖掘你的過去，然後沉溺在悲傷故事裡。而是要從你現在立足之地啟程，展開一段快樂的旅程。你一定要開始！

沒錯，我知道不容易。我知道（跟你母親有關的）問題來自於過去，需要一路回溯到你出生，甚至出生前。我也知道一切好像已成定局。遇到跟母親有關的問題時，我們已經習慣扮演「我就遜」的角色，以扭曲的方式感到安全。我們容許自己依賴，容許別人命令我們可以是誰，只為了能夠得到我們以為的「愛」（即母親的認可）。因此很重要的是，我們必須承認並正視曾經跟別人述說過的那些和母親之間的事。

想一想 如果你正處於痛苦中，那麼你對自己述說的故事就很難是「真相」。

書寫指引 針對你和母親的關係，挑選一個令你痛苦的例子。接著……

1. 盡可能寫下各項細節。不要自我審查。寫下你母親做的跟沒做的事情；你母親應該做的跟不應該做的；如果發生或沒有發生這件事情的話，你的人生會有什麼不同。全部寫下來。然後把整件事情忘掉。
2. 不加上個人意見與評論，撇除乾淨到只剩下事實，最後就會變成：我媽說＿＿＿＿＿＿＿＿＿＿＿＿。
3. 問自己你要它對你有什麼意義，並且寫出來。

4. 你對第三點寫的內容有什麼感覺？

5. 現在列出當你出現上述的感覺時，你就會去做（或沒去做）的事情。也就是，寫出當時你會有的行為反應？

6. 請描述到目前為止，你覺得自己的人生看起來如何？

7. 盡可能簡述你的故事，你可以套用以下的句型：

8. 我媽說＿＿＿＿。在我聽起來就像我是＿＿＿＿。有一部分的我覺得＿＿＿＿因為＿＿＿＿。當我想到這件事，我就覺得＿＿＿＿。而當我有這種感覺，我就會＿＿＿＿。結果是，我＿＿＿＿。

引導練習 原諒自己過去對自己說的事情其實不是真的。想像你放下故事時的感覺。

從現在起，你可以開始重新定義你是誰，你的情緒程度是一個成年女性，不是小女孩。你想為自己的人生爭取什麼？重要的是，如果你還不清楚自己想要什麼的話，千萬別「放大或強調」你的想法，比如強調自己**不要什麼**，或是**不想成為誰**（意即別被你所反對的事情所支配，而要專注在你的目標）。一旦對於自己人生所求與想望有了明確的定義後，你就必須以愛自己為出發點，開始創造與設下界線，而不是出於防衛或是為了避免負面經驗而築起圍牆。

第8章

你是一個有勇氣、有自覺的創造者

我曾經遇過一位年輕女性，她在一個充滿混亂及辱罵的家庭裡長大，跟我很像。她發現自己覺得混亂與反抗很「正常」，甚至「安全」。這令她覺得沮喪，因為她渴望健康的日常生活與平靜。

當她覺察到這點，並花了一點時間書寫之後，她停止反抗，並開始主動回應。

她創造了覺醒的時刻，平靜的時刻。

接著，她說，她又回到了混亂與沮喪。

這很正常。這就是人性。當我們的腦子習慣了一種生活方式，如果要它適應新方式，它會選擇退回習慣的方式。

對成長於混亂之中的我們來說，混亂才是正常與熟悉的。

只要有勇氣、熱忱、創意與練習，我們可以從經常反抗與沮喪，只能偶爾有耐心跟心平氣和的女兒，變成有耐心跟心平氣和、（偶爾才會）反抗跟沮喪的女人。

在感到反抗跟沮喪的時候，我們才有空間呼吸，把雙手放在心上，即使只有一下下都好。

有意識地為自己創造平靜：把手放到心上，是一個能簡單又快速的動作，可以安撫杏仁核，即所謂的「蜥蜴腦」，它是大腦中掌管對抗／逃跑／躲藏反應的部分。

有自覺的創造力（於前額葉皮質區作用）可以對抗恐懼（於杏仁核作用）。

你越有覺察力，就越能清楚感覺到，現在的你可以有所選擇，可以有好惡——你可以讓事情往你要的方向發展。

然而，有時候你想要的方向，會跟你不自覺創造出來的現實有所衝突。有時是遇到阻礙、覺得困惑；有時是無法擺脫負面想法——但你也不必擺脫它，人在低落、沮喪的時候無須強迫自己要嗨起來、快樂起來，這只會形成另一種壓力，讓自己更焦慮。不如接受這些負面情緒的存在，學會如何適當地處理它們。

切記！你的力量就在自覺裡；你必須明白，任何時候，你創造的是混亂或和平都不是那麼重要。

你的力量在於：你明白自己實際上是創造者。

你可能會對自己說：「但我不應該為自己創造混亂！我應該要創造和平啊！」

然而，與其因為你所創造的現實不如期望而責備自己，不如擁抱現實中所呈現的對比和差異，並意識到你有能力和選擇權去創造更好的現實。

想一想 在你還是孩童時，不像現在有更多選擇。那時你所得到的經驗是成人所創造給予的，你被灌輸的觀念或塑造的行為也對你具有影響力。但這一切，都遠不及你現在自覺的心靈來得有力量。

書寫指引 你想要創造什麼？

讓你的思想能自由流暢地表達，用十五分鐘寫一份「創造清單」，寫出所有你想要創造的事情。不要做任何設限，什麼都能創造，情感、生活狀態、人際關係都可以……請不要自我審視想法和感受。

引導練習 從創造清單選出一項，練習創造它，設想其結果，然後問自己：「我需要採取哪些行動才能實現這個結果？」接下來問自己：「我需要以何種感受來採取這些行動？」再問自己：「我需要相信什麼才能有那種感受？」經由這樣的問題引導，你可以有自覺地進行創造。

第9章

但我怎麼還會感到憤怒、傷心、悲痛、苦悶、愧疚呢？

「創傷的本質是我們自身的分裂。創傷不是發生在外面的可怕事情（那是具有創傷性質的事件），而是身體與情緒的極端分離。因此真正該問的是：『我們的身心為何分離，又該如何重新連結？』因為身心連結才是我們的真正天性。事實上，如果那不是我們的天性，人類就不會存在。人類，或任何物種，無法在身心分離的狀態下進化。」

——嘉柏・麥特博士

你會感到憤怒、傷心、悲痛、苦悶、愧疚，或是其他各種情緒，都只證明一件事：你是個功能正常的人類。不需要修理、封閉或是受到控制。你沒有壞掉。

第一次練習可能會引發一些緊張、不舒服或是討厭的情緒。一旦這種感覺出現，我們就會急著想擺脫，但這也表示我們急著在充分感受、表達，最重要的是在理解這些情緒要教我們什麼之前，我們就已經開始「行動」了。我們以為如果讓自己去感受痛苦的情緒，就再也趕不走，然後被痛苦壓制。事實上，正好相反。當你給痛苦的情緒一些空間，主動接受，而不是急著去改變它時，你會學到其他地方學不到的事情。

那麼，情緒是什麼？

情緒是運行的能量，我們會感受到體內有波動產生。通常會用兩個字來命名：快樂、傷心、憤怒、恐懼。快樂會產生波動；憤怒會波動；傷心會波動；恐懼會波動。

情緒不是想法或念頭，不是有著冗長、模糊描述的概念，不是意見陳述或是非判斷。

所以，我體內感受到的情緒可能跟你的不同。

有時情緒造成的波動令人不舒服。我已經學會讓自己感受不舒服的情緒，但不會傷害自己或其他人。情緒來的時候，地面不會裂出一條大縫把我吞噬，我也不會爆炸成百萬碎片。

但這跟不加思索就依情緒行事，是完全不同的。

情緒本身不是想法或念頭，情緒通常來自於我們的認知、信念與思想。當事件發生，我們的大腦會進行評估，再給予事件意義，以此通知我們要怎麼感覺。這些程式通常都是發生在一瞬間，是在無意識中出現的。

我舉一個例子說明。幾年前我媽寄了一封email給我，問我外婆財產信託的問題。我的火氣立刻上來，怒氣沖天！我火大的原因並不是因為她寄了一封email問問題，而是我如何去定義她的問題。我讓她的問題變成在暗示我是個無能、懶惰的大笨蛋（在下一章，我會談到更多關於這封email的細節）。

順序是這樣的：事件發生↓我們閃過一個念頭↓為它下定義↓然後感覺就出來了。我們越常重複這些念頭與感覺，這種情緒產生的流程就越容易自動化，之後就會變成大腦的習慣，因為大腦喜歡有效率。

你有想過什麼是「去感受你的感覺」？或是「與感覺共存」？要去思考背後的原因可能很複雜或困難，因為我們已經習慣順著情緒行事，而不太去注意它。

也就因為這方面我們沒有被教導，我們不知道要去察覺或是關注情緒，事實上還反而比較常被教導要忽視、抗拒、甚至是不信任情緒。

但重點是，每個人都有能力與才智來感受人類的各種情緒，當然也包括醜陋、令人不快的情緒。我們生來就可以感受所有的情緒，因此這是出於我們的天生能力，並不會傷害到自己。我們的身體可以說是相當擅長感受情緒，其效率更是令人驚豔。

例如吉兒．波特．泰勒博士，她是一位遭受中風的神經學家。在她的著作《奇蹟》裡，說自己中風後，無法壓抑情緒反應。雖然失去了壓抑情緒的能力，但她對人類心智的好奇心還在。她發現自己的情緒反應會持續約九十秒左右。

我們感覺到愛像波浪湧來，感覺到憤怒湧來、悲痛湧來……然後它們會退去。即使強烈如悲痛或憤怒的情緒，都會留給我們喘息的空間。當然，它們會再出現，只要我們讓它們流過，它們就會再次退去。

但有時，因為我們害怕感覺到情緒，或是因為我們認為某些情緒是壞的或錯的，這份恐懼就會加強原本已經令人不適的情緒。我們想抗拒憤怒，卻製造了更多憤怒；我們氣自己為什麼要憤怒；我們擔心自己的焦慮；我們用恨來掩飾自己。我們因為告訴自己不應該痛苦，卻反而製造了更多的痛苦……我們不想要感覺那些令人不舒服的情緒！

因此我們將憤怒、嫉妒這類的情緒賦予負面意義，花了很多時間去避免、填滿、轉移，我們還會用理性分析這些情緒，這樣就不用感覺到它們，因為它們很醜陋、令人不快。

現在，請思考一下「**拒絕情緒反應**」跟「**讓情緒波動**」兩者的不同之處。想像一下，如果你知道自己正要體驗一種不舒服的情緒，例如驚慌或恐懼，而且只會體驗兩分鐘，兩分鐘一到，就結束了。如果你知道只是體驗一下，會是怎樣的情形？不避免，不抗拒，不麻木，你會發現什麼？

這就是我說的，安全地感覺一種情緒。沒錯，這需要練習，不過這個實驗卻令人著迷。

你做的情緒實驗越多，你就能從中學到越多。更棒的是，當你集中感覺體內的情緒，就能更快排解。你越常練習怎麼發現與感受情緒，就會更加上手。

我認為如果你的身體可以感受到所有情緒，那麼所有的感覺都是合理且值得被感受的。它們對你很有用處，不僅帶來了訊息，甚至還有教訓。

現在我們來談如何安全地表達情緒，包括言語跟非言語的表達。

看著小孩子表達情緒是很有意思的。例如一個生氣的小小孩，躺在地上手腳亂揮猛踹，這些動作是為了讓他的身體感受跟表達情緒；或是傷心的時候，他流淚啜泣到發抖，費盡力氣表達；而當他快樂的時候，也是用著全身大笑！我們的文化與家庭教育總會告訴下一代：有些情緒是壞的，或至少某些情緒表達是壞的，或錯的。

例如我們會教小小孩，賣場的地板不適合表達憤怒。我們也學到有些人不喜歡我們表達某些情緒，如果我們希望得到他們的注意、愛跟同意，我們就要快點學會停止表達這些情緒，或甚至也不要感覺到這種情緒。有時候我們看見某人（例如母親）表達了我們認為是醜陋的情緒，就會決心自己不要像對方那樣！

那麼你該如何安全地表達情緒？特別是像憤怒，這種可能令人感到危險的情緒？你一定要記得，覺得憤怒並不會讓你變成壞人或是原始人。像憤怒這種情緒，如果只因為生氣就抓起刀來捅人，或是對人大吼大叫，就會造成問題。否則，為了能夠感覺你內心的痛苦，無論花多久時間表達憤怒都是可以的——唯一不應該的，就是在情緒不穩定的狀況下惡劣待人。

我舉個自己的例子來說明現實生活中的狀況。

不久前，我跟我丈夫從討論演變成拉高嗓門的爭吵，只因為我們兩個都堅持自己是對的。我們很少這樣。以往，我幾乎是立刻就注意到自己有股怒氣竄起，也清楚它跟討論的內容無關。但那一次，我居然暴跳如雷，完全無法控制怒氣！因此我認為，這需要多多練習。

步驟一 注意。注意那股波動。專注在它的感覺，讓自己放心地去感受。

步驟二 接著，你要通知自己：「我在生氣。我很火大。我很沮喪。」並且持續感受這股波動，然後用自然的方式動動身體。

當我生氣時，我喜歡用力跺腳，上下揮舞手臂。如果是對老公生氣，我會去走走路，用手機播放大聲又快節奏的音樂，一邊上下揮舞手臂一邊碎念。我還曾經跑到地下室跺腳加上大叫，還有跑到外面丟石頭，大罵。

有需要的話你也可以哭出來、大聲尖叫、捶枕頭、出去走一走，甚至大聲罵出來、丟石頭都可以，想發洩多久就發洩多久。這股情緒（或是流竄的能量），就會開始自然地或是很快地消散，時間長短就取決於它存在你心裡有多久。

步驟三 對你剛才經驗過的事情感到好奇與著迷。問你自己，你的情緒傳達了什麼樣的訊息。最強烈的情緒，通常是從過去傳來的訊息——這份感覺並不陌生，它是我們隱藏的陳年情緒，正好被某件事誘發出來。這個時候，就是我們治癒它的機會了！

步驟四 為你的情緒負起責任。這個步驟可能讓人覺得違反常理。一開始你可能想：「欸，是我老公根本沒在聽，也完全不同意我的看法，才會惹我生氣。」但事實是，你的憤怒是你的憤怒，不是他的。你是那個感覺憤怒的人，如何安全地表達情緒是你的責任。

以我前面那個例子來說，我也並非在自己完全發洩情緒後，就沒有再跟我老公提起這件事——我有！但那是在我完全徹底地感受過這股怒氣後，我才跟他說話。而在這個時刻，我的心情平靜，也沒有責怪他。

你可能又會想：「什麼？難道我下次發火的時候，還要記住這些步驟？」不用。管控情緒這件事，既不是天生就會，也不是主動學習就能立刻學會，它需要不停地練習，而過程不會是美好的，只能慢慢地一步步學習。

回到母女關係這件事，你在其中經歷到的醜陋、不舒服的情緒，不必然會消失。事實上，你早就知道這些情緒其實不會完全消失。但是你可以學著用安全的方式去感覺跟表達，而不會傷害自己或你母親。

你有能力「打造」自己的情緒。

這本書不是讓你讀完放下後，發現自己接下來的心情全部都是「天天開心天天快樂」。不是這樣。相反地，它要帶給你的是，藉由瞭解引發情緒反應的真正來源，並且發展出安全管理情緒的能力，好讓情緒有順利排解的過程。

你可以讓自己完整地感受當下心情，就像個母親一樣重新照料自己的情緒，甚至要為自己保有空間——或許，這正是你母親無法或是不願給予你的情緒支援。

想一想

對於情緒反應，如果你只是一味地逃避、忽視、抗拒、隱藏、轉移或是理性分析，都只是將它壓抑在潛意識中，且久久不去，這不僅會傷害你自己，有時也會傷到別人。而抱怨、沉溺在情緒裡或生悶氣，也是另一種抗拒情緒的方式。但若你習慣說「都過去了」來處理情緒，倒還不如承認情緒的存在，更深刻地感受它，進而得到成長。

書寫指引

- 你現在感覺到什麼？
- 你怎麼知道自己感覺到？
- 這種感覺在你體內何處？
- 它是什麼顏色？

- 是堅硬還是柔軟的？
- 快速或緩慢？
- 你還可以怎麼描述它？
- 這感覺會讓你想要怎麼反應？
- 你對這感覺的評價是什麼？
- 你為什麼會有這感覺？
- 造成這感覺的想法或信念是什麼？

引導練習 瞭解各種情緒在體內的感覺，然後注意它們。練習讓它們在體內波動而不干預，你只要專注呼吸。

繼續書寫

- 回想某次你認為是母親一手造成你負面情緒的事件，寫下當時她做的事、說的話。

- 描述她如何造成你這種感覺。
- 描述為什麼你認為她有力量創造你的感覺。
- 排除你母親的影響後，重新描述你的感覺。（如果沒有她介入，你的感覺是什麼？）
- 你認為是怎樣的想法造成這種感覺？
- 列出所有與你母親跟你們母女關係有關聯的情緒。每一種情緒都花點時間來激起體內的波動並描述它。「操弄」它，並注意如何利用意志去加強或減少波動。

再多想一下 有些看起來像情緒的字眼，其實不是情緒，而是意見或詮釋。這裡有些詞[1]：

1 作者注：感謝馬歇爾・盧森堡（Marshall Rosenberg）跟他的著作《非暴力溝通：愛的語言》（*Nonviolent Communication: A Language of Life*）。

遺棄、虐待、攻擊、背叛、禁錮、霸凌、欺騙、強迫、逼到牆角、貶低、懷疑、打斷、威嚇、利用、誤解、忽視、壓迫、挑釁、奚落、拒絕、不受賞識、不理睬、無視、不支持、沒人要、用過的……

這些詞**不是用來表達情緒，它們只是描述想法、意見與詮釋**，而你卻用它們來製造情緒。它們表達了你的詮釋，而不是你的感覺。區別兩者不同是很重要的，因為你要從這裡開始奪回你的力量！

第10章

天啊！又是扳機又是按鈕又是刺！

我很喜歡一個比喻，是麥克・辛格[2]所寫的。內容如下：

從前有個女人，她的手臂有根刺，直接插到神經上。任何東西碰到這根刺，都會弄痛她，即使只是一片撫過她的葉子。

雖然她喜歡在林間散步，卻不得不因此停止。她開始避開森林，避開任何會碰到刺的東西。

2 麥克・辛格（Michael Singer），著有《覺醒的你》（*The Untethered Soul*）。

慢慢地，她的生活重心落在保護那根刺不受刺激，因為她相信這可以避免讓自己痛苦。但她不明白，自己其實有另一個選擇，就是拔掉那根該死的刺。

我們每個人都有一根這樣的刺（或是按鈕、扳機、地雷……隨你怎麼叫），禁止任何人去碰、按或拉扯。如果有人做了，我們就會很沮喪，因為不該有人來碰我們的刺。我們訓練別人不要來碰，我們的生活建立在不受傷害之上。

「離我的刺遠一點。」「別惹我！

事實是，如果我們相信自己有個觸發情緒的扳機、按鈕或刺，就等於放棄了自己的力量，而要別人為我們的情緒負責。但其實，你有另一個選擇，就是拔掉那根刺。而且如果你拔了，就再也不會想到它了。

要怎麼知道你的刺在哪？不安會告訴你。還有惱怒、沮喪……等等的身心反應。換句話說，就是你的情緒，它會告訴你。

就像被一根刺刺到皮膚時會痛一樣，當你相信自己有根刺時，焦慮不安就會產生。這就是前一章談的，先瞭解情緒，以及如何感覺及辨識當下的情緒，是非常重要的。

如果有東西碰到了你的刺，例如你母親說了什麼，然後你注意到一股焦躁，你就可以決定要怎麼處理。拔了這根刺，面對這股感覺，問你自己：「難道我喜歡感覺焦慮嗎？」答案通常是「不」。雖然有時候是「是」，再後面一點，我會用個人的例子說明。

本章是關於瞭解不安的真正來源，並學著如何覺察。

我過去常常因為收到母親的email而變得極度焦慮不安。我以為自己讀出了她信裡的言外之意，我的「刺」告訴我：「她要找我吵架，她不尊重我，她覺得我很笨。」即使後來我學到不要在第一時間反應跟回擊，還是會很憤怒或受傷。

真正的原因並不是她寫了什麼，而是我讓她寫的內容產生了字面以外的意思，例如「她要找我吵架，她不尊重我，她覺得我很笨」。

當然這背後還有一段歷史，至少有超過五十年的長度。但我當時不瞭解自己長期以來無意識地在腦中演著這齣戲：她攻擊我，我是受害者，她是壞人。

那就是我的刺。在我學到如何辨識之前，我經常把我媽所說所做的解讀為「攻擊」。我花了很長的時間在逃避、害怕跟生氣上。這些情緒讓我做出自己無法為傲的表現。

在我向別人傾訴我有多火大或受傷時，我其實是喜歡對我媽生氣的。過去我喜歡這股焦慮，因為我相信憤怒能保護我跟我的「受害者之刺」，就像那個手臂上有根刺的女人一樣，相信遠離森林就能保護自己。不過一旦我領悟到這一點，就是我動手拔掉刺的時候了。

你的母親或許是故意要刺激你，製造讓你沮喪的環境。她可能知道你的按鈕在哪裡，可以讓你步向崩潰。但是當你發覺都是她造成的時候，你可以選擇不讓事情發生。

有個客戶告訴我：「我媽狂按我的按鈕，到最後我每次跟她講話都會講到哭。」天啊，我懂。我過去覺得我媽喜歡激我，她很喜歡這種可以控制我的力量。這可能是真的。

當你相信你母親是故意的時候，你做了什麼？你是回應她，還是改變自己的反應？我的客戶在瞭解這個概念，並進行練習之後，她說：

「我媽試著在對話中猛按我的情緒按鈕，直到我失控了，她就佔了上風。我要鎮靜還是失控都是我的選擇。我可以練習如何用安全且有力的方式回應，直到事情不再往她或我可以預測的方向發展。」

所以，你打算怎麼開始？

請練習 覺察。開始注意你對周遭人與事的反應，是否讓你焦慮不安。花一週的時間來注意與觀察，特別針對你跟你母親或任何會激起你反應的人之間的互動。

不要隨著其他人的行動或是自己的念頭起舞，只要在旁邊看就好。假裝你只是個旁觀者。當你只旁觀卻不加入，就會發現奇妙的事情出現了：你竟然能從原來的處境解脫出來。這麼做會幫你省下相當多的力氣，讓你的心靈能夠平穩下來。

你只需要發現觸發點在哪裡（「哇，就是它」），立刻喊暫停，注意情緒上來，然後改用讚嘆的角度（「沒想到我現在居然感覺到——（由你填入情緒），真是太妙了」）……如此一來，你就不會在一開始便讓自己陷於沮喪跟被擊潰的困境。

當然這不是要你在對話中保持沉默。你可以在適當時間說「嗯」，「我瞭解」，或「你說，我有在聽」。你也可以透過肢體語言，例如在對方說話時點點頭，來表達你理解，不要動來動去（例如不要同時做其他事，或是坐立不安），你必須給對方你全部的注意力。

當你成為觀察者，有趣的地方就是你看人——包括看你自己——的方式，竟然有了大轉變。

書寫指引

- 你在觀察什麼？

● 你有注意過你的刺、按鈕跟扳機嗎？

● 它們是什麼？

第11章

解除扳機，鬆開按鈕，拔掉你的刺

記得我在第九章提到的email嗎？就是我媽來問我外婆財產信託的那封？我接著要用它當例子說明這個概念。以下是我當時收到email時腦子裡想的（還有嘴巴碎念的，口氣未經修飾）：

今天早上，我媽寄了一封email問我已經從外婆的信託本金裡拿錢出來了沒？還有財產利息夠不夠支付護理之家的費用？

我決定寫email給投資公司的視窗，請她幫我回答這個問題。我要把證明整理好，可是視窗今天還沒回我，我已經想好等我得到適當的答案時再回覆我媽。

到了傍晚，我媽又寫了一次信，問我辦好了沒——或我有沒有跟我丈夫或外婆的律師確認過？我很不爽，覺得她分明把我當作白痴，連這點事都處理不來。

再說……不是她說跳我就要跳。媽的，去你的。接下來我寫email給律師，問我在法律上是否有義務回答第一個問題？不是我不想回答，而是我不要人家叫我做啥就做啥。

幹！我知道這說來話長。我還在尋求他人的同意，來告訴我不用再跟這個女人演鬧劇！跟我那個討人厭的媽！氣死我了。對，我超火大的！我一直讓自己沒事就發個火……不是真的依自己的感覺或在表達怒氣……不是對她……我知道那沒必要……還沒火到要永久斷絕往來，因為接著我會感到愧疚，覺得自己應該要成熟點，應該要能管理自己的心智……要愛她，即使她該死的不斷按我那該死的按鈕。然後我就因為自己一開始有那個該死的按鈕，而想揍自己一頓。

我相信你多少可以連結到自己的經驗。接下來是如何把速度放慢，把腦中的一團亂給整理好的方法。

不過在那之前，我要先說：我相信我們每個人都有獨特的本質，有人稱它為「靈魂」。它讓「我們」之所以為「我們」，它是我們的純粹核心。當我們生活、學習與成長，它讓我們發展出對自我的認知與信念，幫助我們經歷與連結外在世界。

我們很少有機會學到，無論是刻意或是透過父母及其他榜樣，很難會知道如何有意識地創造經驗與連結外在世界的方式。

就像我在本書最前面提到的，我從許多人生教練與個人成長課程中學習與研究。

以下就是我從所學習中萃取的精華，以及我如何重新看待那些引發衝突的對話：

環境與情境：是發生在我們周圍的事情，而且是我們無法控制的，比如天氣、我們的過去、其他人的行動與舉止。環境與情境是客觀存在的事實，不帶有任何判斷和主觀的評價。

例如：「我媽寄了一封email給我」這句話描述的就是個事實的情境，客觀存在，且不涉及評價。

想法：則是意見與判斷，經常在我們腦子裡轉個不停，有時會被我們察覺到，但通常都不會。有時候，我們有意識地選擇跟自己生活情境相關的想法，但更常見的卻是：我們的想法被無意識的信念與對自我的認知所主宰。

例如：「她來找我吵架」，「她覺得我很笨」，「她分明把我當作白痴，連這點事都處理不來」，還有「我才不要她說跳我就跳。」

這些信念與自我認定，就是我們在有意識或無意識之下創造出來的。

信念與自我認知：是一種心態，無論有無經驗及事實去證明真偽，我們以此認為什麼是正確的（信念），相信自己是怎樣的人（自我認知）。但有時候我們卻對自己擁有這些想法渾然未覺。

例如：「如果我媽生我的氣，我可能會死掉」（這聽起來太誇張，但請忍耐一下），「我是受害者」（這就是自我認知的一部分），「我是一個可悲的輸家」。

當想法幫助我們形成「信念與自我認知」，將持續告訴我們該怎麼想、該想什麼；它也告訴我們該如何詮釋、如何感受外在環境與經驗。我們觀看世界的基礎是透過「信念與自我認知」，我們也經常以為它們是永遠不會改變的。

情緒（或感覺）：是流動的能量，既是我們體內真實的波動，也經常與我們當下的想法、對自己與他人的信念，以及我們為自己塑造的形象認知有關聯。情緒的部分可以參考第九章。

例如：「感覺火冒三丈，因為我相信我媽覺得我很笨」，這就是涉及情緒性的描述。

情緒會告知我們要怎麼行動跟表現。

行動：指的是舉止、對外的反應，或是不做反應，通常由我們的需求與感覺所驅使。

例如：「我媽那些消極／侵略性的對待」，「我向丈夫和朋友發牢騷、訴苦」，「我義憤填膺地寫email給律師」。

我們總是會為了滿足需求而採取行動。

需求：是所有人必須擁有才能生存的事物。一般的需求包括了自主（可以選擇夢想、目標與價值觀，以及完成上述的計畫），慶祝、完整性、相互依賴（人際連結、愛、歸屬、尊重、信任、理解）、生理需求（空氣、食物、活動、安全感、休息、遮蔽物、觸摸、水、性慾表達）、遊玩、精神交流、成長與貢獻。（其他還有很多關於人類需求的討論。以上清單來自於馬歇爾・盧森堡的《非暴力溝通》。）

當我們察覺、實現與滿足需求，就會反映在行動上。如果需求未能被滿足，也會反映在行動上。有時候各種需求之間會產生衝突。

例如：從我上述信中的行為，可以看出我是為了滿足自己人格完整與自主需求，但這其中顯然有錯，因為如果我夠誠實的話，我其實需要先確定自己對母親的看法是否正確，是否不帶主觀與偏見。

後果與結局：是行動的效果。

例如：我不在自己人生的駕駛座上，因為我選擇活在回應我媽的位置上。朋友因此都很怕接到我的電話。

我們的結局與成果提供了證據。

證據：是指出信念或主張為真實或令人信服的現成資料。

例如：我沒辦法回答我媽，我還得問銀行窗口跟我外婆的律師。看吧，我既可悲又愚笨。

我們的結局和成果往往為我們的想法和信念提供證據，並證明它們的正確性。當我們相信自己的想法時，我們會自動感覺和行事，就好像它是真的一樣，然後我們會以某種方式做出反應，這種反應往往會為我們證明自己是對的。這就是為何我們的心智如此複雜的原因。當然我們相信自己的經驗。但我們卻沒能理解那不是唯一的結果。

花點時間讓一切慢下來，然後看看上述的各個因素如何幫助我們更為覺知，以及它們對生命的影響。這樣我們就能更加有意識地去創造自己的人生。

想一想 我們或許無法改變外在環境，但我們可以質疑與打斷我們的信念、自我認知、想法與行為模式，比如借由下列句子，就能夠發揮強大的效果：

「當我＿＿＿＿＿＿＿＿時，我是誰？」（自我認知）

「當我＿＿＿＿＿＿＿＿時，我想成為誰？」（自我認知）

「我給予外在環境什麼意義？」（想法）
「為什麼我現在選擇這樣想？」（信念）
「我是否依據『我很安全』或『我有危險』的信念去行動？」（行動與信念）
「我改用這個方式回應後，發生什麼事？」（結果）
「我試著滿足什麼需求？」（需求）
「她或許試著滿足什麼需求？」（需求）
「這個結果證明了什麼？」（證據）

書寫指引 選擇一件最近和你母親的互動狀況，試著套用上述句型重述。從哪一句開始都可以，有時候這樣反而能讓你更快注意到自己的感受，也更容易把它寫下來。而我前面所做的描述，則是依照我使用它們的順序，分別是：

- 環境（保持中性……限事實）
- 想法（腦海中浮現的句子……意見、評價、故事）
- 信念／自我認知（你平常的心態，及你相信自己是怎樣的人）
- 情緒（寫出體內波動的字眼）
- 行動（舉止、不行動、反應、你如何表現、通常由需求與情緒驅動）
- 結局／結果（行動的效果、表現、不行動、反應）
- 證據（對你來說，可證明你的信念跟想法是真實的資訊）

需要再多想些

這裡不是要你（立刻）改變，或是要你試著成為別人，而是要你培養自覺跟覺察的能力。當你看見想法和信念及自我認知是有關聯時，可能會促使你想藉由改變想法和信念來提高自我的認知。但有時候，這可能會招致反效果，特別是那些根深蒂固的信念，當你意識到很難扭轉時，將會感到沮喪和失望，而產生以下的想法：

- 我不夠好。

- 我誰啊？
- 我無法照顧自己。
- 我不值得被愛。
- 我要承擔一切。
- 我塞不進我的五分褲裡。
- 我不配得到我想要的。
- 我一文不值。

事實上，「渴望停止負面想法」跟「有能力停止負面想法」，這兩者之間有著奇妙的連結。運作方式像這樣：你注意到自己開始心情低落，心想一定是負面想法在作怪。如果你跟我一樣，也察覺到這個跡象，那你就會去開啟「扭轉那個想法」的模式。

但「扭轉那個想法」其實只是另外一種形式的抗拒、評價與迴避，因為在負面思想的深處藏著其他像「我不應該那樣」、「無法改變」或是「我討厭自己有負面想法」這一類的想法。

我們評價這些想法，因此也評斷自己是「不好的」。這些揮之不去的有害想法，其實只是因為我們的大腦很擅長往那邊想而已。我們的大腦喜歡做高效率又不費力的事，甚至不在乎這些想法是否會傷害我們。有負面想法並不是因為我們不好，而是大腦只想做自己喜歡的事情。

改變想法與信念，並且放下過時的認知，是可能的。第一步就是「覺察」。這需要練習。不要強迫自己，請對自己溫柔，讓練習過程在沒有外力干擾下，自然而然地發生。

讓我重複一遍：你持續負面思考的原因是你的大腦已經習慣了。理解到這點對你有好處，因為那表示你的大腦也可以很快習慣思想其他更有益處的事。這個觀念可以幫助你看清楚，其實負面想法並非不可撼動的。

與其抗拒、嘗試改變、評價或是推開那些不舒服的想法，不如去注意它們。觀察這些不受歡迎的想法何時出現，而非苛責自己為何會有這些想法。

第12章

關於我們的小女孩腦

親愛的凱倫：
為什麼我會那麼怕讓我媽失望？
——來自我見過的許多女性

＊＊＊

這個問題，對我自己心裡那個感到害怕的小女孩而言，很重要。
簡單地說，因為我們的「小女孩腦」出於原始本能，（無意識地）認為如果讓媽媽失望的話，自己就會死掉。

幾年前我發現自己一直無意識地堅信：「我媽具有毀滅我的力量。如果她可以摧毀我，任何人也都可以。」

想法 我可以被摧毀。

情緒 恐懼。

行動 無。或是為了避免遭到毀滅而改變自己、變得卑微，以及扭曲自己。

隨著年齡增長、跟許多人聊過後，我發現幾乎每個人都有類似的想法。然而我的人生卻有大半時間被這個想法牽制，不是嘗試抵抗就是想推開這種恐懼。

當我明白「想法牽動情緒」導致行為模式已經全面影響我的人生時，我決定先讓它待著。漸漸地，兩、三個月過去了，恐懼慢慢消退了，而那個認為自己可以被毀滅的想法也開始萎縮與毀滅。它一度深深烙印在我生活裡，此時卻已經煙消雲散了。

因此，瞭解大腦的運作方式是很重要的。在面對恐懼時，就不會覺得自己孤立無援。由於我不是大腦專家，所以我請「谷歌博士」及擁有心理學學位的人生教練——拉娜．巴思蒂雅努提（Lana Bastianutti）給我建議。

大腦有三個部分：杏仁核（即原始的「蜥蜴腦」）、海馬迴（即「哺乳動物腦」）及前額葉皮質（即「人類腦」）。

我喜歡「瞭解你的大腦：用科學當武器」（Know Your Brain—Armed with Science）網站的描述：「杏仁核是壓力評估者。它隨時偵測各種可能的危險狀況，決定應對的方式。這裡儲存了與恐懼危險有關的記憶，包括視覺、聲音與味道。當大腦認出類似的狀況，杏仁核就會發出警告，叫身體準備逃跑或對抗。它與反應、反射動作有關，而且避免冒險。

如本章一開始提到的，杏仁核是大腦中原始的部分，它會評估我們需要母親的愛，因為如果沒有這份愛，令母親感到失望，我們的性命便有危險。因為她可能會不想餵食和照顧我們。

即便我們已經是可以照料自己生活的成人，惱人的杏仁核還是要我們尋求母親的認可、批准與愛。

拉娜．巴思蒂雅努提指出：「如果我們讓杏仁核來代表自己，依照它的命令列事，讓它掌管大權，就會產生問題。我們以為自己別無選擇，但這不是真的。」

海馬迴則負責儲存長期記憶，包括過去學到的知識經驗。有了它，我們可以例如不用花腦筋就能刷牙。如果用電腦來比喻，它是硬碟；它也是大腦邊緣系統，可以控制情緒。

然後是前額葉皮質，位置就在你的額頭後面，佔了大腦體積的多數部分。它負責理性思考、解決問題與做決定的執行區域。電腦的話，就是讓程式運轉的中央處理器。它跟抽象思考、語言、同理心、合作與社會認知有關。

拉娜接著說明：「在大腦較高層的區域，掌管辨別、決策、理性與分析的能力，這些都是做出選擇與擔負責任的基礎。只要我們讓高層區域運作，就能壓過大腦低層所發出的建議。但我們多數人都不知道，而是渾渾噩噩地聽從蜥蜴腦，只為了消解煩躁就被它的碎念牽著走，渾然不覺它所造成的災難。我們都沒有聰明地讓大腦較高層區域有更多發揮，藉以驅除較低層區域喜歡的破壞性思考與習慣。」

「更重要的是，」她補充，「我們沒有為真實的自我保留太多空間。真實的自我存在於想法之外，終其一生都維持不變，不受想法、信念、記憶、習慣、意見、喜好與經驗的影響。真實的自我，蘊含著愛、同情、智慧與常識，完全沒有摻雜膚色、教義、宗降、性別或價值取向。真實的自我就活在我們之中。」

別害怕「恐懼」這個心理。只要留意它即可。

第13章

不傷害人，也不容許被傷害：如何建立、表達與維持滴水不漏的界線

與我合作的多數女性都相信，只要跟母親保持距離，她們就能平靜生活。可是一旦必須與母親互動，她們就會發現自己變得很激動，幾乎在無法「控制」的狀態。

我想用《超人》漫畫中，超人的弱點來比喻：我們是自己人生中強而有力的超級英雄，而母親卻和氪石一樣；只要我們靠近母親，就會像超人遇到氪石，氣力全消！

因此問題變成了：不光是在你的母女關係，更是在你的人生裡——你想成為誰？你想要感受到什麼？你想要展現怎樣的自己？你大部分時間都喜歡

並尊重自己嗎？

在某些層面上，你知道你母親不會改變（或許會，只是你不指望），但你卻表現得好像她會改。如果你轉而將注意力放在你能改變的地方，會發生什麼事呢？

當你決定用不同的方式與母親相處時，將看到神奇的事情發生了：你將開始建立自我信任，進而發展出平衡的心態，最終將成為自信、自主的人。你相信自己能夠照顧自己，這會讓你感到內心的平靜，同時漸漸在母女關係中放手——有時候，這反而有利於關係的改善，因為它也給了你母親空間去改變她的行為模式。不過，現在焦點還是先放在你身上。

我很害怕對我媽設下界線，已超過四十年了。更正確的說法是，我一直到四十歲才知道應該要跟她設下界線，而我很怕做這件事。

這歸結於一個簡單的（大多數無意識的）信念：如果我表達並堅持我的價值觀、偏好和渴望（基本上就是界線），那麼她就會拒絕我。我害怕為自己和自己所需的東西發聲，因為我不知道如何處理她不批准或不認可我的行為。我害怕她批評我需要我所說的東西，以及我想要我所說的東西。

因為恐懼，我的行為失常，有時甚至容忍或延續明顯的虐待，這不僅存在於和我母親的關係中，也發生在其他關係裡。更不用說我對待自己的方式了。我花了很多時間在憤怒、激動和戒備上。

我先前提過，我們母女關係在二〇一〇年底時變得更惡劣。我把她寄來的email視為強烈攻擊，而我既不回擊也不辯解，直接叫她再也不要打電話或寫email給我了。大功告成！

我以為自己設好了界線，但我憤怒、激動與戒備的感覺卻沒有受到安撫，甚至在這件事情後變得更嚴重，同時又感到罪惡感與深深的悲傷。我花了很多時間回想她是怎麼對我，好讓自己相信斷絕母女關係是正確的。

實際上，我對自我的認知和信念已經背道而馳了。從那時開始，我便朝向所謂「激進」的自我負責方向發展：也就是除了承擔一般「成人」對自我應有的責任（如照顧自己的生活、工作和人際關係），更要對自己的內在世界和經驗負責（包括自己的情緒、心理狀態、信仰、價值觀等），不再把自己的生活交給外界的影響力。而它其中有個很重要的部分，就是學習如何建立健康的界線。

在學習如何設定健康的界線前，我們經常相信母親的對待方式是因為我們的「容許」造成的：我們以為可以控制母親（可能因為母親也認為自己可以控制孩子），於是我們強迫自己拚命嘗試任何可能，來改變、修復或減少母女關係中困難的部分。

又或是，我們會聽到誰說母親的行為是因為我們沒做什麼、少做了什麼，或是做錯什麼而造成的。（這個社會總是很快責備女兒，還有母親，因為同樣的理由。）

如果你曾經接受過精神治療，你可能被建議要學著如何建立界線，因為這是當你發現無法改變母親行為後的合理建議。

我們多數人，包含許多當母親的，都相信界線與其他人的行為有關，是為了要別人照我們的要求去做（或不要去做）。但事實上，**這不是界線，這是下最後通牒**。

區分在於：

界線是你為了改善彼此關係，而向侵犯到情緒或身體空間的人提出的要求。界線是為了照顧自己跟對自己負責，通常會用「我比較想要……」或「我覺得……比較好」，以及「我比較喜歡……」等字眼。

最後通牒則是你跟對方提出無法商量的要求，若是拒絕，將遭致關係破裂甚至結束。最後通牒是為了控制他人（因為我們覺得會讓自己高興），通常會用「你應該／你不應該……」，「你必須……」或「你不可以……」等字眼。

我們做的，往往不是設定界線，而是發出最後通牒。

因此大多數人（間接地從家人身上）學到最後通牒等於界線，或是界線等於最後通牒。這就是為什麼當我們想到界線，會覺得糾結、刻薄、厭惡或自私，似乎做了一件壞事而覺得不好受。很多女性對這項攸關生存的技術感到苦惱，因為它不是從有愛或是務實的方式中學到。

與母親設定界線，只是解決問題的其中一部分，因為有時母親會直截了當地拒絕尊重我們設下的界線。因此，更重要的是確立我們自己的行為，使自己不再做出破壞性的反應。一旦我們確知自己的行為表現，是符合對自我的期望和價值觀，也跟對母親所設立的界線是一致時，就表示我們對自己信守承諾，真正做到了對自我負責。

滴水不漏的界線「不是」：

- 刻薄、無禮或自私
- 缺乏尊重
- 規則
- 為了要控制、操弄、強迫或威脅他人
- 為了要改變他人的行為

- 最後通牒
- 受刺激的反應
- 我們部署的武器

滴水不漏的界線「是」：

- 健康的
- 令人尊重的
- 跟我自己的行為有關
- 一條劃分你和他人的分界線
- 促進自我負責的工具
- 一份送給別人與自己的禮物
- 一種有意義的照顧與保護自己的方式
- 奠基於你的價值觀上
- 為確保有效，可視情況靈活調整

以下是兩種設定界線的有效方式：

1. 要求—後果

「要求」是當你母親跨過界線時，你對她提出停止的要求。「後果」是你讓她知道，如果她選擇無視你的要求，你會採取什麼行動。這項行動是你會實際採取的；越是清楚定義，你的界線就明顯有效。

以下是幾則示範：

要求：請停止對我吼叫。
後果：如果你不停止吼叫，我就要離開。
要求：與我聯繫的最好方式是透過email。
後果：如果你發手機簡訊或是臉書訊息給我，我不會回的。
要求：我很樂意跟你聊天，一週一次，三十分鐘。

後果：如果你來電超過上述的時間次數，我不會接電話的。

注意，你提出要求後，結果是你會採取的行動。

2. 要求—好處：

「要求」是在你母親破壞界線時，你對她提出停止的要求。

「好處」是你讓她知道這將改善關係。

以下是幾則示範：

要求：請停止對我吼叫。

好處：如果你停止吼叫，我就能更加專注在你想對我說的話。

要求：與我聯繫的最好方式是透過email。

好處：如果你傳email給我，這有助於我記錄我們之間的聯繫。

要求：我很樂意跟你聊天，一週一次，三十分鐘。

好處：這樣我可以全心全意跟你說話。

無論採用哪一個方式，清楚說明要求的內容是最好的，可讓你母親知道她的行為對你或是某些情境所造成的影響。

最常見的界線設定錯誤是，你無法徹底執行，或你以為只要你建立並且表達自己的界線，你母親就會（或者應該）尊重並實行。

事實上，尊重你的界線並不是你母親的工作或責任，而是你的！這對你反而有好處，因為你會開始認真看待自己，遵守對自己的承諾，並且告訴自己：你值得擁有界線。

值得一提的是，既然你母親可能沒有教過你建立健康的界線，那她應該也沒學過要怎樣遵守或尊重界線。你沒學過，不是你的錯；所以她沒經歷過，也不是她的錯。

跟母親設立良好、健康的界線，是我做過最困難的事情，特別是要打破已經長達四十多年無界線的相處模式。但是，這也是我做過最能感到自由的事情。我終於可以誠實，我終於可以整合自我，以及與她的關係。

很棒的是，現在想到我母親，我已經很少有怨恨、苦悶或憤怒，因為我已經實踐了我的界線——我不再感覺到那些不好的情緒，我感覺到的是愛。

我舉個例。我媽有抽菸，尤其在車裡更是抽個不停（無論駕駛是誰）。我不喜歡暴露在二手菸下。以前我們上演過好幾次被動攻擊戲碼，我會氣到說：「你就不能等一下再抽嗎？」然後打開所有車窗。但她立刻又全部關起來。我認為她不尊重我，甚至想傷害我的健康。她則認為我愛挑剔她，想要控制她。

我最後決定要為這件事情設下界線。有一次她要我開車載她去哪裡，前一天我就先跟她說：「媽，如果你能不在我的車裡抽菸，我會很感激。如果你想抽菸，我會把車停到路邊，讓你到車子外面抽菸。」她同意了。另外一次，換她開車時，我提議：「媽，如果你要在車子裡抽菸，沒問題。我會開我自己的車過去。」

注意到我容許她繼續抽菸，而且我也不用生氣、沮喪或是去詮釋她的行為了嗎？我沒有試著去控制她的行為，我只控制自己。健康的界線讓我們不用承受忍耐其他人行為的後果，因為我們改從自己這邊下手。

建立價值型的界線有助於自我慈愛、自我照顧與自我責任。它讓你重回人生的駕駛座，把過去交給你母親的力量拿回來。在滿足你的需求以照顧自己的同時，又幫助你去愛、去接受她原本的面貌，讓她能按照意志行動。

許多女性害怕與母親設立界線，因為擔心會破壞母女關係，或是害怕遭到母親拒絕而繼續侵害個人與情緒空間（就像我過去一樣）。她們害怕如果為了顧及自己而說出真話，可能會讓母親生氣（事情因此變得棘手）。為了避免這種風險，她們不設立界線，而留在以謊言與怨恨為基礎的關係裡。

要設立健康的界線，我的要訣如下：

1. 決心要給予自己足夠的愛、尊敬與重視，藉以建立界線。同時你也給予足夠的愛、尊敬與重視給他人，藉以教導他人如何與你相處。

2. 你重視的事物要明確，因為它們是你界線的基礎。例如尊重、好奇心、創意、幽默、熱誠、真誠、信任、辨別力和平靜。與你重視的事物連結，你的界線就會自然成為你自我的延伸。

3. 要有同情心。因為你為了達到有效的溝通，正在培養一項重要的技巧，而保有同情心，能感同深受他人的處境，在設立界線的同時是必要的。

4. 如果你感到沮喪、生氣或怨恨，那表示你還沒準備好設立界線，請優先處理這些情緒。靠著書寫或是跟不會讓你發火的人談談，直到你能平靜下來。讓你心煩的不是因為他人的行為，而是因為你沒有適當的界線，過去也沒有說出你真實的想法。

5. 當你把情緒處理完畢（即為你的心煩負責），如果你想要，可以接著進行溝通以設立界線。

6. 不用等到有人來破壞你才要開始做界線溝通，甚至也不一定非要做界線溝通，但為了能夠產生作用，你一定要做到你答應自己要採取的行動。

7. 如果你選擇要進行界線溝通，記得使用中立的語氣說話。因為如果你用帶有負面（或虛假的正面）語氣，你想傳遞的訊息會遺失，界線也會變得模糊。練習用中立的語氣說話，也會顯得更自然。

8. 記得你不是要控制別人的行為。你是在改變跟調整自己回應別人行為的模式。

9. 先跟比較不會抗拒的人練習你的新技巧。感受一下提出要求的感覺。當你累積更多信心後，你就可以開始跟比較難應付的人設立界線。

10. 對你溝通的內容負責，但要明白你無法負責別人要怎麼接收或解釋，還有他們的最終感受。創造清楚直接的溝通方式，並且容許他人選擇如何感受。

11. 如果別人不改變或不尊重你的界線，別放心上。準備彈性地改變自己的行為。

12. 練習「非防禦性溝通法」。

「防禦性回應」容易讓我們與他人產生衝突，而別人會佔上風：

- 我不是……
- 我沒有……
- 你怎麼可以說……
- 你為什麼老是……
- 你瘋了吧……
- 我從來沒有做／說……
- 我那麼做是有原因的……
- 我沒有意思要……
- 我只是想試著……

「非防禦性回應」能緩和場面，讓我們的態度顯得更正面、成熟，而不致於落入激動、憤怒的情緒，產生消極、不利的反應（採取這個做法，有些人會覺得自己比較佔上風）：

- 我懂。
- 我明白。
- 滿有意思的。
- 這是你的選擇。
- 我確定我們倆意見不同。
- 很遺憾你覺得不開心。
- 這件事情不適合討論。
- 我選擇不討論。
- 這件事（這做法、這行為）對我來說無法接受。
- 我知道你不開心。
- 這沒有商量的餘地。

想一想 當界線設立在你跟你母親（或任何人）之間時，你的職責不是要她做出不同的行為。你的職責是照顧你自己。決定好照顧自己的定義後，你接著可以決定自己的行為內容。

書寫指引 你想跟你母親之間建立的界線內容是什麼？你的目的是什麼？你要用哪項重視的事物來支持這道界線？描述一下什麼樣的情境讓你覺得有「照顧自己」？你想要經由這個界線達到什麼？你希望的結果是什麼？有什麼好處？你真實的想法是什麼？你需要對什麼負責？

引導練習 用「要求—後果」或「要求—好處」模式簡短清楚地表達你的界線。對自己說，大聲地說。或是對著鏡子大聲說。或者對某人大聲說，並仔細觀察對方的反應。

第14章

跟自己劃出界線

我記得很清楚，有一次跟我媽在email上起了衝突，當下我注意到，自己正準備戴上隱形的拳擊手套迎戰。

於是，我開始在鍵盤上輸入我的滿腔怒火——但接著，我卻有一種「恍然大悟」的感覺：是的，我不想吵架！所以我又把剛打好的內容全部刪除，只輸入「我知道了。」幾個字。

然然後，母親回信謝謝我。

衝突結束。

我覺得好神奇。

我只是認同她而已，根本沒有改變或修整讓她覺得生氣的事情。

那麼，這跟界線有什麼關係呢？

「界線是你付諸行動的價值觀。」

——藍迪・巴克萊（Randi Buckley）

我覺得「和平」很重要。在過去，當我戴上隱形的拳擊手套時，就是忽視了自己所珍視的這個價值觀。但在我印象中，母親似乎出於某種原因，並沒有像我那樣重視和平。

事實上，我過去一直以為是自己軟弱沒用，所以才不知道（其實是不想）如何跟母親吵架。這也讓我想起幾年前去上拳擊課，在真實的擂臺上過度換氣而身體不適的往事。

其實在母親面前，我無須像面對拳擊手一樣地奮力搏鬥，我可以選擇棄權，用行為來維護我的價值觀——這是可以由我做出選擇的；我明白選擇讓自己感覺舒服、心情好的方式，而不是在衝突發生時，以激動的情緒回應。

想一想 有時候跟你母親設下界線的最好方法，是對你自己設下界線。而最好的做法，就是問你自己重視什麼。

書寫指引 你重視什麼？你要如何將它帶入你的母女關係中？你要為什麼負起責任？

引導練習 只需要多注意！在你打算對母親發作時，要特別關注自己，並且觀察大腦的狀態。你很棒，你值得多關愛自己一點。

其他的引導練習 想像自己在一個半透明的泡泡，裡面裝滿了自己喜歡的東西，例如：仁慈、創意、尊重、優雅、幽默等。接著想像這些人格特質／

價值觀／情緒圍繞自己的感覺。記得泡泡是半透明的。有些東西可以進來，有些不行。只有跟你能量相合的才可以進來。其他的則會輕輕地彈開、不能靠近你。觀察你的泡泡。注意它！做出選擇！是你，決定讓什麼東西進來。

第15章

「她操控我，不讓我擁有、無視我的界線。」

你母親操控你嗎？

結果我還是要這麼問。

回到正題，以下是我認為的操控：當我們為了得到想要與需要的東西（記得第十一章提到的需要吧），以為自己別無選擇而做出的事情。

我們母親那一代，應該都被教導了她們的想要跟需要都不重要，女人不配擁有想要與需要。然而，認可與實現我們的想要跟需要，其實跟建立滴水不漏的界線是密不可分的。所以我們的母親當然會操控，並且讓我們覺得有罪惡感（我們也是這樣對她們……至少我有，雖然只是偶爾）。

這可能造成她的界線觀念薄弱甚至不存在，連帶讓你很難去設立你想要的界線。

以下可能有點難懂：你的界線可以變得更清楚、容易設立跟維持，只要你留心你母親的需要，並與她對話（但不是要你負責滿足她的需要）。「需要」是指什麼呢？地球上的人類都有需要，幾乎每個人的行動都是為了滿足需要（見第十一章）。

有時候我們因為母親試著要滿足自己的需要，而對她們的行動感到不滿。我們很容易針對那些行動與舉止貼上標籤。

我舉一個客戶的真實案例，她說：「我媽很愛在臉書跟朋友炫耀她那幾近病態的『我愛我女兒』迷因圖，好讓她看起來像個完美媽媽……她真的很自戀。」

從這個例子，我們都會說這個母親可能個性喜歡炫耀，也可能有自戀傾向，但有沒有可能，她這個行為只是為了想表達有歸屬感，或是想跟別人有連結？或是以我現在的理解，我認為她表達的方式似乎超級惹人嫌，而且很容易招致別人的攻擊……不過，我們或許現在可以新增一個跟「需要」相關的解釋，來理解母親的行為。

由這個例子來說，當你發現母親打算操控你時，請特別注意她想要被聽見、被看見和被認可的「需要」。然後你也回頭看看自己有什麼希望被聽見、被看見與被認可的「需要」。

你必須找出你和母親各自的「需要」，然後為此進行對話與溝通——這裡並非要你改變或扭曲自己好迎合母親，而是徹底瞭解她的需要後，你就能更有效地設立界線，並且從設立之初到完成後，都不會覺得自己很無情或感到愧疚。

事實上，在設立界線的過程中，你可能反而變得更喜歡、更尊敬自己。這是個很細微又很重要的區別。

想一想 你母親（跟你）所做的一切都是為了要滿足「需求」。

書寫指引 當你覺得母親操控你時，她其實是想滿足什麼需要？當你要支持自己時，你要怎麼跟她的需要對話？知道這幾個問題的答案，有助於讓你用自己覺得舒服的方式設立界線。

引導練習 找出「需要」。當你看見有人用某種誇張、你難以接受的方式行動時，問問你自己：「他打算滿足什麼需要？」用這個方式增強你的「需要雷達」，也會幫助你設立更好的界線。

第16章

設立界線時，無可避免的罪惡感、焦慮與恐懼

想像一下：

「當你打算跟你母親設立界線時，最容易經歷哪三種情緒？」

是罪惡感、焦慮與恐懼。而關於這方面，我最常接收到這樣的問題：

親愛的凱倫：

我那自戀的母親，在我的人生裡沒有一刻停止辱罵我，終於越過了我的忍耐界線。事實上她已經踩過好幾次了，但我沒有勇氣反抗。去年的感恩節，她說了一些讓人不想記得、無法想像的噁心事情。我不願意再想起但也無法忘

記。從此，我們幾乎斷絕關係。

我媽自己一個人住。她離婚了，沒拿到什麼錢。過去一年我沒有邀請她參加任何節慶聚會。我唯一的哥哥認為是我大驚小怪，不支持我對待母親的決定。

然而她持續用簡訊跟語音訊息，暗示她需要錢，讓我感到愧疚。我不要她來我家。但我知道如果我不邀她過節，讓她自己孤單一人度過，我會很愧疚。不找她，讓我覺得愧疚；找了她，我覺得背叛自己，也等於支持她那醜陋的行為。這一切讓我很為難，到底要怎麼跟一個沒救沒希望的人設立界線呢？

我的回覆：

我真的懂。這的確很棘手。我花了好幾年在罪惡感（跟羞愧）、憤怒、絕望之間徘徊。這裡面有許多糾葛，而我又是深陷其中的當事者。

罪惡感、羞愧跟絕望，是我們沒有／不能／不想跟母親設立界線的原因。

而這其實是我們誤解了界線的真正意義。

界線就是你所支持的，例如你的價值觀、喜好、需要跟欲望。如果你不確定自己支持什麼，或你覺得自己不被允許擁有價值觀、喜好、需要跟欲望，那麼你會在嘗試建立或主張界線時感到罪惡感。

我很喜歡藍迪・巴克萊如此描述罪惡感跟界線：

罪惡感是狡猾的惡魔。

罪惡感讓你不相信自己值得擁有界線。

罪惡感讓你後悔設立界線，或甚至阻止你設立界線。

罪惡感阻止你去相信自己或是繼續堅持下去。

罪惡感會在你嘗試讓母親接受你的界線時產生。

罪惡感會在你相信母親對你失望時產生。

罪惡感會在你相信你得為母親的不同意負責時產生。

罪惡感會在你相信自己不配說「不」或是擁有界線時產生。

罪惡感會在你不確定要如何表現界線時產生。

罪惡感會在你沒有照自己的本性或是沒有實現價值觀時產生。

想一想 我們想要設立界線的原因，通常是知道它對我們有益。但我們會害怕，是因為我們認為母親並不覺得它會帶來好處。事實上，這好處並不會只局限在你個人身上：因為一旦對你有幫助，對你母親甚至其他人，都會有更大的好處（比如母女關係帶給你的負面情緒減少了，對旁人的負面影響也會跟著減少）。

書寫指引 你想要界線為你做什麼？你真正想說什麼？是否有更大的益處？那是什麼？你要怎樣建立這道有更大益處的界線？當你想像將自己的價值觀付諸行動，有什麼會讓你感覺很好？你想要這道界線帶來什麼結果？你想要跟母親有怎樣的互動？你想要你們的關係給你什麼樣的感覺？

引導練習 想像一下結果。當你的界線設立完成，並且獲得你跟你母親的尊重，你將看到什麼？感受到什麼？聽到什麼？

這個練習不讓罪惡感有空間產生，它將幫你在跟母親之間，建立起滴水不漏的界線。這是很基礎的練習，請用初學者的心態，為你那可愛的自己，選擇做一個有好奇心、專注的學生。

第17章 為人母的不應該這樣……

有一年母親節前夕，我看到某雜誌「一秒惹怒」的專題系列裡，有個標題是「還沒遠離的孩子，需要在母親節聽到的十三件事」。這種文章我當然不會錯過。

其中第九篇的標題是：「有些人根本沒有媽媽！當她不在時你會後悔的。」

我挑出這項是因為它指出了包含母女之間與其他人際關係的共通主題。我們（通常是無意識）強烈地想要維持受害者角色，是因為希望他人不應該對我們說某些話。

「不要跟我說這個，因為我會不好受、生氣、傷心。」

我懂。有時候人們（包括我們的母親）會說一些冷淡、刻薄、粗魯、煩人、冒犯或是不體貼的話。有時他們根本沒搞清楚狀況；有時他們是故意的；有時他們只是沒想太多。

你有沒有想過，與其規定別人可以或不可以說什麼，何不讓其他人做他們自己，愛講什麼就講什麼？與其覺得受到冒犯或是發火，我們不妨改變自己的想法跟行為，而不是責罵、糾正或是「教育」對方？

當我內心平靜，我不會被其他人（包括我媽！）的言語給激怒。我為自己負責，管理自己的反應，意思是：我選擇忽略我媽說的，改變話題，甚至走開。她可以繼續說她想要講的，或是做她要做的。

我是在幾年前領悟這個全新的層次。

當時，我跟一位導師說：「我媽用那封email當刀子，捅進我的心。」

她對我說：「是你自己把那封信當刀子捅進心裡的。」

我反駁：「可是做母親的不應該給女兒一把刀來捅自己的心啊！」

想像得到她的回答嗎？她竟然說：「為什麼不可以？」

她這樣反問我，可能有些刺耳，但帶出了一個重點：一如拜倫．凱蒂[3]說過，**當你生氣時如果只關注在「事情不該是這樣」，反而會為自己帶來痛苦**。如今，我終於理解這個道理，但當時的我，完全執著於我和母親的衝突，以及我這個受害者的角色，所以根本看不到其他部分。

要注意這個的重點，不是要你立刻像個機器人，對母親的任何言行都自動免疫，而是請你學會注意情緒的波動，然後問自己：「事情真實的狀況是什麼？我要怎麼看待它？」

這也是同時讓自己明白，我們可以哀悼那些無法擁有的體貼與被愛的關係——沒錯，這一定會感到受傷！但要不要讓受傷的感覺掌控人生，則是我們個人的問題。在自我成長或心理輔導的領域裡，這個常被叫做「這件事不是針對你」或「這跟你沒有關係，是對方個人行為的問題」。雖然我們理智上都知道，可還是會覺得受傷，甚至讓它成為我們自責的另一件事。

我們的人生裡充滿了各種「應該」跟「不應該」，不只是對自己，也對其他所有人，包括（特別是）我們的母親。這沒什麼好奇怪的吧？你母親也可能有一大張關於你的「應該」跟「不應該」清單。

等我決定要更深入瞭解我的母女關係時，我做過其中一項最有效的練習是，把我認為我母親應該跟不應該做或說的事情，列成一張清單；也因此瞭解到我要她改變的原因是，我覺得自己會比較快樂。

而我遇到的多數女性，也都相信如果她們的母親改變了，她們就會比較快樂。我也終於明白，無論我母親說什麼做什麼，一旦我開始去思考、詮釋、想要賦予意義時，那些言行才會對我造成情緒上的波動。在此之前，我真的很習慣也很善於把她的言行都往壞的方向想，結果讓自己傷心、憤怒不已。

我過去相信，如果母親照我的「期望」說話行事，我就會比較開心。但現在我可以告訴你，所有我認為母親的「應該」跟「不應該」都只會導向一件事：讓我產生更多痛苦的情緒。也就是說，我把控制情緒的權力交

3 拜倫・凱蒂（Byron Katie, 1942～）美國最著名的心靈導師之一、心靈書籍暢銷作家、「轉念作業」創始人。

給我母親，如果她沒有照我的期望走，我保證會產生負面情緒，然後會因此責怪她。

就因為我把情緒控制權交給我母親，才讓我更深信自己沒有能力，無法照顧自己。直到我終於為自己的情緒負責，我便能照自己想要的去感覺與經驗，不再受到母親影響。當然。我還是有幾次覺得受傷，但我已經知道怎麼安慰自己。

我的意思不是說你不可以要求母親去做什麼，或是向她要求某些事情，而是如果你期待她滿足你的需要或讓你開心，只會造成你自己痛苦。因為這是你自己的事！

如果我們的需要／欲望／喜好沒有得到滿足，我們會覺得沮喪——是「我們自己」覺得沮喪，不是別人造成的。沮喪也不是必然的結果；你可以用另一種方法化解，就是**變得好奇**，用觀察的態度轉化你的期待（我再提醒一次：擁有期待、表達出期待，都沒有錯）。

請同時記得，你也不用負責你母親的情緒跟需要，因為這是經由「她」

的思考和詮釋，賦予你的舉止意義。當你讓她不再是你的情緒負責人，你也讓自己從她的情緒負責人解脫了。

想一想 你能分辨出，你給母親的「應該」與「不應該」清單，跟健康界線的差異嗎？

書寫指引 詳細地寫下你覺得母親「應該」要做的事情。每一項都要附上原因。

如果她照著你的「期望」走，你的感覺會不同嗎？你對她的看法會不同嗎？即使她本人不願意，你還會要她照著走嗎？你怎麼看待她的不願意？當她為了自己喜好而要你做某件事，你有什麼感覺？她在其他地方要求你為她的情緒負責過嗎？

你該如何從她的情緒負責人解脫？你要如何為她做同樣的事情？

引導練習

在日常的人際互動裡，注意自己何時會覺得別人「應該」跟「不應該」；同時也要注意你覺得自己有什麼「應該」與「不應該」。

第18章

「不被愛的女兒」的迷思

前陣子有個朋友在一篇臉書文章上標注我的名字，那篇是關於為什麼不被愛的女兒要拚命從羞愧感掙脫。幾位女性評論說這是她們的生命經驗（有些人甚至至現在還持續）。

「這是我個人的故事。我希望我有個愛我的母親。我總是被嫌棄。真的很悲傷。」

有些人則表示同情，說這一定不好受。

整個對話籠罩著淡淡的哀傷。

因為工作的關係，我也經常聽到這些話：

「我媽不愛我。」

「我女兒恨我。」

「我媽跟我說過，她真希望自己沒生小孩，很好奇如果沒生下我的人生會怎樣。」

「我不懂自己哪裡做錯。」

「我媽跟我說，如果她沒生小孩的話，她的人生會更好。這話聽起來好像她希望我死掉。」

我自己就聽過母親提到我外婆時，說過類似的話。

這些痛苦與悲傷都是活生生的，而且可以理解的。

但那篇臉書文章下的討論讓我有點介意。就是那個母親無法或不願愛女兒的「悲傷事實」，彷彿刻在石頭上抹除不掉，而讓女兒在往後人生裡，感受喜悅的能力因此廢掉一樣。

她變成一個可憐的人，一個潛能沾上汙點的人。

不要誤會，我知道那種覺得媽媽不愛自己的痛苦；我知道在充滿羞愧的環境下成長的感覺；我知道相信自己被母親拒絕的感覺；我知道在童年負面經驗下成長的創傷後壓力症候群是真的。

我也知道那種被人家可憐、沒有活出自己潛能的奇怪滿足感。最後呢？我打從骨子底知道，我擁有追求喜悅的無限能力，我的潛能也一樣無限。同時我也一直在生命中保留空間給難過與悲傷，但我的人生根本不是個「悲傷事實」。

「不被愛的女兒」的迷思並非否認不被愛的女兒（或是不愛女兒的母親）的存在，也不是要說她沒有努力讓自己被愛。這份迷思是她的人生將永遠是個「悲傷事實」。

在瑪莎．貝克寫的《戴安娜與她自己：一則覺醒的比喻》[4]，主角戴安娜出生時被母親遺棄在垃圾桶裡。後來被一對夫妻收養，他們對戴安娜整天

4 瑪莎．貝克（Martha Beck, 1962～），美國作家，生活教練和演說家。二〇一六年出版《戴安娜與她自己：一則覺醒的比喻》（*Diana, Herself: An Allegory of Awakening*）。

謾罵，最後她忍不住逃離了。接著故事往奇幻的方向展開，戴安娜遇見了「她自己」，一隻非常聰明的野豬。

我們繼續看下去。

「苦難的鏡像是真實[5]。試試看。改變你的故事。改變你人生經歷的路線。現在就試試看。」野豬對安娜說。

「你要我對過去說謊？」戴安娜問，用手背擦去臉上的淚。

「不是，我要你用更真實的方式說你的人生故事，」野豬說：「任何故事都能以無限的方式訴說，親愛的，聽我說，聽仔細，如果一則故事能解放你，就相信它。但如果一則故事囚禁你，相信它的鏡像。用語言解放你自己，而不是綁縛你。」

戴安娜過去相信：「因為我是一個愚蠢的垃圾，所以他們不要我。」

鏡像是？「我離開他們。因為我是一個聰明、美麗的珍寶。」

戴安娜過去相信：「我不配擁有父母。」

鏡像是？「因為他們配不上我。」

我曾經跟一位客戶一起練習過，她說她媽不止一次告訴她：「我根本不想要有小孩，我也希望從未有小孩。我的人生一定會過得更好。」

她的鏡像是？

「我只需要父母帶我來到這個美好的世界，來體驗我自己的人生！我很遺憾他們無法以我需要的方式養育我。我必須離開他們，好長成我理想中的女性。」

當我分享這類故事時，無可避免會有人提問：「做母親的人怎麼可以說這種話」，「如果女人有這種想法，為什麼不一開始就不要生」，甚至「女兒怎麼可以離開母親」……

但是，這些問題根本無濟於事。

應該要問的是：我們要如何挑戰、除去跟治癒被內化的女性歧視？這樣

---

5 鏡像，是一種比喻，用來表示某事物的反面或對立面。此處意指：苦難所帶來的經驗和感受，揭示出某些事物的真相或本質。

母親就不再是一個充滿壓力、要求完美的角色了。我們要如何幫助女孩跟女人瞭解，成為母親是一種選擇，而無論他們的選擇為何，都不用被羞辱或是施壓？我們要如何幫助與支持母親？

我選擇不生育，我現在就可以告訴你，如果二十一歲時懷上的那孩子生下來，我會有些遺憾。我可能會希望自己不要生，而且我可能還會大聲地對那孩子這麼說。看吧，我已經有樣學樣地知道自己可以變得刻薄跟傷人。

母親無法或不願愛你，並不需要變成一項悲傷的事實。你沒有天生歹命，那也不會決定你這輩子就毀了。儘管我們被教導成如果母女關係沒有滿足社會期待，就會遭受批評，但大多數人面對這樣的狀況，也是因為不知道能說什麼，只好說：「好慘。」

不！我們不會因此就變慘！

我會挺你，因為我不願意讓你成為更差的自己。

第19章

做自己的母親，抱抱自己吧

有天早晨在瑜伽課上，我踮著腳尖、腳跟併攏，蹲在地上。我低著頭，下巴抵住胸口，上半身靠在我的大腿上，手指指尖輕碰著瑜伽墊。

瑜伽老師說：「讓身體像種子一樣捲曲，把自己放到膝上。」

我的心頭一熱，有股美好的感覺從胸口上來。淚水在我的眼眶打轉。

另外一次，我坐在休閒椅上，跟一位導師談到一件令我難以啟齒的事情。我覺得自己想要封閉起來。

「問問你的身體需要什麼。」她說。

我往前傾，把自己放到膝上。

我的心頭又是一熱，有股美好的感覺從胸口上來。淚水在我的眼眶打轉。

這是我重新以母親角色照顧自己的方法。我把空間留給全部的自己，甚至是我覺得醜陋、可恥或是噁心的部分。

＊＊＊

幾年前我參加了一個兩天的工作坊。在那之前的幾個月裡，我很猶豫。一部分的我想要去，但另一部分的我並不想。在我的經驗裡，這類的活動很有趣也可以學到很多；然而同時我也覺得不安、渺小與無力。這感覺來得很快，我經常來不及反應。

然後再下一次又出現時，我會想：「喔，我現在知道這感覺了……下次不會這樣了。」結果，還是一樣，只是哪裡稍微跟前一次不同，但問題核心是一樣的：那就是我為了要得到女性權力者的注意或認可，我會「忘記」自己真正想要的，並開始猜測她認為我應該要做什麼。我會表現出需要「修復」的樣子。我會想要引起她的注意，並且得到她的認可。而我根本無法控制自己不這麼做。

我跟丈夫談到這件事，「聽起來有點瘋狂，我在這種環境裡感覺不到『安全』，因為我覺得自己會被強迫去做違逆意願的事情。」

然後，我腦子轟了一下，想起以前的事情。在我五歲還是六歲的時候，我媽跟我繼父帶我去玩，晚上我們住在旅館裡。我只有冬天的睡衣，但那時天氣很熱，所以我改穿繼父的T恤睡覺。

突然，我媽想要拍一張我穿繼父T恤的照片。我不讓她拍，跑去浴室躲起來，他們卻強行進入，我只好又躲到被子裡，又被他們掀開。在我繞著房間想找地方躲藏時，他們一直拍個不停。

他們覺得很好玩，我卻感到相當困惑。

這麼多年過去，我終於知道那時的想法與感覺了。

想法是：我的意願不重要。

感覺是：受到侵犯與無力。

在五十年前的當下，我的想法與感覺是真的，但有很長一段時間卻不被當成真的，即使我有時特別會在某些有女性權力者的情況下表現得像是真的。

於是我重新修改這段往事，然後告訴自己：我可以參加活動，而不會受先前那些無意識的想法與情緒干擾。我的喜好很重要。我可以選擇。我可以決定。我不會背叛自己。如果我發現自己又有那種感覺，我可以把自己抱到膝上。我會問問我心裡那個有需要的小女孩，我能為她做什麼，然後給她她想要的。

你也可以這麼做。

＊＊＊

你要如何開始重新以母親的角色照顧自己呢？

首先你可以從心理上與情緒上，將生下你的女性跟「母親」的角色分開。你的母親永遠都是你的母親，但你可以讓自己從她的角色、故事跟信念脫離。

從你出生時，甚至從你還在子宮裡，母女關係就是你的老師，也是你和自我關係的藍圖。而你母親的信念則成為你的基礎。你會從母親對待她自己、跟對待你的方式，學習如何對待自己。這通常在完全無意識的狀況下進行，你甚至會把經驗內化。

母女關係的本質，彷彿石刻般永恆不變。因此，連你和自我的關係也常被這麼認定。

很多人都有「我不夠好」或是「我哪裡有問題」的故事，我自己也好幾個這一類的故事。

這些故事與信念以各種不同方式在我的人生裡出現。從相信自己不值得被好男人愛（我因此在二十五歲時嫁給一個想要美國綠卡的巴西人），到暴食暴肥、甚至花光所有的錢以致於負債。

結果是，我浪費了很多很多年相信自己無法照顧自己。一直到我開始練習接受（即不再跟現實爭論），我才真正瞭解我不用相信我母親的故事，或是因為我也走上跟她一樣的路而責怪她。其實，我只需要用別的方式去學習與做事——這是我身為成人可以做的選擇。

我們聽到很多關於學習重新以母親角色照顧自己，跟練習自我照顧，只是這些概念通常令人陌生或感到困惑。我曾經以為那是要責怪自己，對自己超級嚴厲，所以整個過程會很不愉快、困難而且痛苦。因為我就是用這種自責、對自我嚴格的方式長大，這是我唯一的經驗，所以很難想像有其他不同的方式。

直到經過幾年的嘗試和犯錯經驗之後，我才學到這個方法：它是終極的自我照顧，但不是給自己泡泡浴跟修指甲那種（其實也可以加進去）；它是刻意練習去承認、實現與滿足你的需要與喜好（由你定義），或確保你的需求喜好是在健康與獨立的方式下被滿足，而不是在失能、依附跟糾纏不清的狀況下——也就是說，你要為照顧自己負起責任。

這是不需要強制或靠意志力及操控的方式，也不必跟自己或母親做條件交換，甚至不再責怪自己或母親對待你的種種「不足」。你可以開始改變內心對「母親」的定義，然後就能停止從一位不完美的女性人類（你母親）身上尋求完美的教養。

你可以重新「以母親角色照顧自己」，給自己任何你所需要和想要的，像接納、養育、照顧，典範學習，歸屬感、自信、適應力、獨立、信任等等。

但需要注意的是，這不是在孤立無援的情況下進行的，「以母親角色照顧自己」關鍵是以開放和接受的態度，去面對那些可以給你需求和像母親一樣關愛的人；你也會知道當你有需要的時候如何尋求幫助，尤其是會給予你協助的對象是誰。而我的做法是：

1. 不需要為了歸屬感跟被愛而改變自己，要能真正地接受來自他人跟自己的愛。
2. 保持健康、吃營養的食物，讓自己的身體覺得舒服。
3. 慎選學習榜樣跟導師，也要讓自己成為自己的榜樣，例如問自己

「在這樣的狀況下，我要如何喜歡跟尊敬自己？」以及「未來的我會以自己為榮嗎？」

4. 鼓勵自己保有情緒自信、適應力跟獨立自主，不要索求無度、依賴別人，但對那些不看好自己的人請保持距離。

一旦你將「母親」的概念跟生下你的女性分開，就可以更開放，從不同的來源（包括你自己）接受母愛。有時你甚至需要探索自己內心深處較不願面對的地方，勇敢地去正視它、瞭解它，才能知道自己哪裡缺乏關懷。

此外，要特別注意那些讓你感到自己可悲、不被愛、丟臉、空虛、欠缺、愚笨、無知、無助和無能的時刻。其實，這些感覺源自你對自己的信念，以及你創造出來對自我的認知。你必須以誠實、開放的態度，看待這些感覺與你目前處境的關聯，才能知道什麼樣的母愛關懷可以滋養你未被滿足的需求。

好的母愛關懷隨時等著你，只要你願意放下永無實現可能的期待，對於當下所能獲得的資源保持開放的態度。要知道，你母親可能因為某些原因受限而無法給予你母愛，但是在這世界上，仍存在著源源不絕的母愛能量。

你若能重新以母親角色關愛自己，將會發現自己內在擁有強大的母愛能量，而不再將你的母親視為限制你的人，也不再認為她應受到譴責，或必須給予你依賴。每次你以母親角色關愛自己，你的情緒成長、母系領導能力與成人自我都會獲得發展與加強。

你會明白你值得被愛的，你是美好的、有價值的，無論外界如何，無論你母親做了或沒做什麼，你都不再需要倚賴她的認可或同意。

你甚至能從其他人那裡接收到愛，你也不必只為了對母親表達忠誠，而浪費時間認為自己不如人；你更不需要再痴等母親的改變，將用你需要的及想要的方式生活。

你也能理解如何用滿懷慈愛、同理的客觀角度看待自己的全部，意思是你會承認錯誤、缺點、失敗，但也同時承認你的美好與價值。外在的認可也許會來到，但你不用再依賴它。問問你自己以下問題：

● 我需要更愛自己哪裡？

● 我來這裡要學習什麼？

● 眼前的情況下，我相信自己哪一點？

● 我能做什麼？

我最希望你能做的，就是用充滿好奇、著迷、仁慈與同情的態度接近你自己。只要你願意去練習與瞭解，就像小小孩學走路，你會跌倒，然後你會想要馬上站起來，繼續嘗試。因為看著自己往哪裡去，是很令人興奮的事。你同時也會感到悲傷。但這是很正常、自然的現象，不代表你做錯或是退步；這是過程中的一部分。

你可以成為自己心目中理想的母親，並從接納的角度重新與你母親構築關係，即使她已經不在或是你這次選擇不與她溝通，都是可以有新的關係產生。

想一想

重新以母親角色照顧自己的方法之一，就是學習用支持自己成長的角度，重新訴說你的故事。以下是一些書寫指引，幫你重新定義你現在是誰，你相信的事情，跟你想要相信的事情。

書寫指引

- 你母親教給你的觀念、價值與經驗是什麼？包括直接的言教與非直接的身教，以及你慶幸跟她學到和你寧願沒學到的，例如關於以下事物的看法：身體、食物、性慾、男人、其他女人、跟你不同的人、婚姻、金錢、友誼等等。
- 你相信、重視什麼？
- 承上，那跟你母親教給你的一樣嗎？
- 你比較想相信、重視什麼？
- 你跟母親之間達成（通常是不明說）、但你其實不懂的共識是什麼？

例如：「因為我怕我的成功會讓她感到威脅，所以我不會成功。」

- 你母親哪裡做得不夠？
- 你需要或想要的，卻未能得到滿足的是？
- 你可以如何開始去承認、實現、滿足你自身的需要與喜好？
- 在生活中的哪些地方，你並未對自己仁慈與溫柔？
- 你要如何在對自己與別人（包括孩子）時，表現出自己很重要？
- 經常出現在你腦海中的負面想法是什麼？
- 這些想法是來自你還是母親？

第20章

在面對「羞恥」這類強烈情緒時，該如何以母親角色照顧自己

我所記得最早感到羞恥的經驗，是在小學一年級的時候，老師因為我叫了同學「愛哭鬼」而處罰我，放學後把我留在教室寫黑板，從一到一百。

我記得臉上滾燙、胃裡翻攪跟呼吸急促的感覺。

同時我心裡也覺得「不公平！」因為我確定有人也叫我「愛哭鬼」——可能還包含我母親。不過我很確定她用的不是這樣的字眼，只是我內心的小女孩充滿了對父母離異，那未釋懷、沒說出口的悲傷，而我母親在當時根本沒時間照顧我的情緒。

當時我總是情緒很強烈！強烈到難以控制和預測（現在有時還會這

樣）。我爸媽不止一次叫我「莎拉．伯恩哈特」，她是法國十九世紀末的知名舞臺劇演員，喜歡用誇張的情緒演出，強力感染觀眾。我知道爸媽把我比擬成她的意思。

我猜想你母親、我母親跟其他為人母者，都害怕我們情緒化，因為她們認為這等同於軟弱。如果我們軟弱，就可能無法存活——但這個社會又教女人不該在情緒、體力、智力等處展現力量，這種矛盾真的讓人很困惑。

而在不久前，我因為一則別人的評語，完全陷入一個羞恥和無力的怒火狀態，只能在床上縮成一團，像個失去理性、發火跟傷心欲絕的小孩。我大概有四十多年沒有這麼激動過了。

我丈夫問我是否需要抱抱，我淚眼汪汪地回他：「要，但我會表現得像是不要。」

這是一個重新以母親角色照顧自己的例子：當下召喚出一點同情給自己跟他，因為我知道他希望可以安慰我，而我也需要。

跟小學一年級時的我比起來，四十五歲的我在面對強烈不舒服的感覺時，我還是沒那麼受控，但我能察覺了。藉由給予自己一點時間、空間與母親般的照顧，我允許自己走出羞恥跟受害者的感覺。

沒有人能對羞恥免疫。

我們所有人偶爾會掉入受害者意識中。

這很正常，不意外，不奇怪，也很健康。

這不是世界末日。

也不代表我們有問題。

我們永遠有能力，仔細地照顧珍貴的自己。

每次我寫出類似上述內容時，最常被問到的問題就是：「對啦，但我要怎麼做？」

我第一次讀到「火車過隧道」的比喻，是在凱蒂·M·邁可拉琳的部落格「任選兩個」（Pick Any Two）上。她說，劇烈難忍的情緒像是隧道，而我們是穿過隧道的火車。「我們都必須穿過黑暗，才能看到隧道盡頭的光，感受平靜祥和。聽起來很簡單，但做比說要難。」

問題是我們的朋友、配偶、伴侶、家人、父母還有整個文化，都很擅長在我們穿過情緒隧道時拖住我們。我們不喜歡看著別人（特別是小孩）在強烈的情緒中受苦，所以會試著想用言語排解，或出手拯救，因為我們只是想讓自己好過一點。

但這麼做的同時，也阻礙了他們培養適應力。

凱蒂接著寫道：「而我們成人在面對情緒掙扎時，最常做的是想辦法早點離開隧道，然後又不懂為什麼還沒看到盡頭的光。」

有時我們蹲在黑暗中，閉上眼睛，假裝不在隧道裡，覺得一切都很好，感謝別人的關心；有時我們則用別的事情來轉移注意力：吃霜淇淋、喝酒、上網購物、跑馬拉松、追劇、玩手遊，或是漫不經心的滑臉書……但這些事根本無法讓我們穿過隧道，不是嗎？

其實，只有在我們終於允許自己哭泣、哀號、跺腳和猛擊枕頭，不加評判地釋放情緒時，我們才能真正釋懷，從而激發自己最好的一面，看到自己的韌性。這也會讓我們體認到，其實在經歷痛苦之後，我們有重新振作起來的能力。

請記住 情緒（請參見第九章）只是你體內的波動。如果你阻礙它們，你也阻礙了自己的適應力。

書寫指引 面對強烈情緒波動時，你要如何安撫自己？你要如何對自己表現同情與同理？什麼可以讓你覺得舒服？

引導練習 當其他人經歷跟表達強烈情緒的時候，請注意觀察，並且試著在他們穿越情緒隧道時在場。然後找個機會，也試著為你自己做一樣的事情。

第21章 去除羞辱感的激進方式

二〇一五年四月的時候，伊莉莎白·吉兒伯特在臉書上貼了一則關於「社群羞辱」及馬力歐·馬丁尼茲醫師的文章。馬丁尼茲醫師著有《心靈—身體密碼》[6]，研究關於想法及情緒如何影響身體健康，特別是羞辱感如何影響心靈與身體。

吉兒伯特的完整貼文非常值得一讀，讓我節選部分文字：「……如果你敢離開你的社群根源，或是敢質疑社群的規定，你極有可能會遭受處罰。有時處罰可能會很暴力很極端……但更多是隱而未宣的……他們最可能拿來對付你的武器是羞辱。他們利用羞辱來讓你乖乖就範，讓你知道你拋棄了群體。」

我發現這就是我跟母親之間的狀況。突然驚覺，自己竟然無意識地花了大半人生，相信我母親可以摧毀我。

為了能夠得到她的愛與認可，我花了許多時間扭曲自我，只因為害怕她不認同我，這對我來說這就是一種毀滅。有時我也會躲著她，特別是當我察覺到她不喜歡，或不同意我做的事情時——即使理智上不認為她真的會殺了我，但我的身體卻覺得備受威脅。

這就是詭異的地方。因為我受到的訓練，跟我在這個題目（包括受害者意識）上做的研究，我知道是否成真並不重要。

如果是以前，我會陷入受害者模式，拿事件當作藉口理由去相信我媽很邪惡，所以我需要保護自己。

現在不是了。我選擇去注意這個想法跟情緒，在我人生裡出現的狀況

---

6 馬丁尼茲醫師（Dr. Mario Martinez）著有《心靈—身體密碼》（*The Mind-Body Code*）。

跟頻率。我問自己它是否對我有益（完全沒有！）。慢慢地，經過一兩個月後，恐懼開始漸漸消失，相信我媽能摧毀我的念頭也漸漸淡去。曾經深如石刻般的感覺，現在已化為輕煙……

回到伊莉莎白．吉兒伯特的貼文。她將馬丁尼茲醫師創造的成果整理成重點，可以讓人們練習從恐懼與羞辱感解放出來。我覺得這可能對你有幫助，所以我又改編成適合我們的版本。

步驟一 找個安靜的地方坐下，讓你的心靈與呼吸穩定下來。在你的心裡承認，為了要過你理想的生活，你需要離開母親；承認你知道她會感到被背棄。

步驟二 大聲地說出：「媽，我現在要離開你了。我現在要背棄你了。」

伊莉莎白・吉兒伯特說，這句話會令你感到震撼，因為你說的是反話，而你或許花了大半輩子想要證明自己沒有背叛跟離開母親。但你可能也已經厭倦想要證明自己很乖、沒做錯，也沒有變。

不過，怎麼說怎麼做都沒有用，因為她不相信你；因為她知道（你也知道），只要你為自己選擇一條不同的路，就是背棄她了。可是你現在變了，因為你需要改變，你想要成為你想成為的人，而唯一的方法就是把她留在身後，往你的目標前進。

然後呢？一切都很好。為什麼？因為這不代表你不愛她。

就如吉兒伯特所說：「這個練習跟親子之愛無關。」你還是可以永遠愛你母親。這個練習的目的只是要是打破羞辱魔咒，使用的最佳方法就是引導你掌握自己的人生，瞭解掙脫母親的價值觀的結果。

步驟三 在心裡，讓自己變成你母親，用她的聲音對自己說：「我完全瞭解。我原諒你。我只希望你能快樂。」

在這場想像的對話中，同時扮演雙方角色是很重要的。

步驟四 重建馬丁尼茲醫師說的——你的「榮譽之地」。羞辱之所以有用，是因為它攻擊了你的榮譽感。吉兒伯特解釋「每個社群都有自己的榮譽標準，如果你沒遵守，社群會在公開或私下指責你丟人現眼。這個指責會讓你生病、痛苦。」

為了讓你恢復身心健康，你必須重建你的榮譽之地。

你可以將過去的榮耀時刻一一列表，從最早的記憶開始。你人生中首次感到光榮的時候是何時？就從那時開始，一路記下來。

「你是個值得尊敬的人。你必須重建榮譽之地，因為那是你唯一的堡壘，可以抵禦外界的羞辱，不要讓你的榮譽感被摧毀，以致於被抓回『老家』。」

步驟五 感覺「正當的憤怒」。請注意，這不是要你以憤怒之名採取行動，只是要你去感受它。

當你站在榮譽之地時，遇到試圖羞辱你的第一個反應就是「正當的憤怒」。如果像你母親或其他人羞辱你，你不能自然而然地接受，而是感受正當的憤怒作為回應，你就會明白自己正往情緒健康與復原的道路前進。

馬丁尼茲醫師說，你的人生裡有個角色是留給健康的、合適的跟正當的憤怒。正當的憤怒是一道快速的熱火，燒光羞辱的毒藥，可以保護你的榮譽之地。這種憤怒是正確、合理、公平的。你有權利擁有，也必須要求保有它。

你是個有榮譽心的人，別人不該羞辱你。如果你母親想要羞辱你，正當的憤怒會保護你免於批評自己，所以你要在遭受羞辱時學著去感覺它。

跟著我一起說：「我不會忍受被你羞辱！」

多久要練習一次？就依你的狀況及需求來決定吧。

第22章

踏上改變之路

選擇覺醒與改變的過程，對我或我母親來說並不容易。在我寫書的此時，我們的關係維繫大部分靠著（不一定會有的）生日卡片或電話，還有幾則email往來。

經過幾年的音信全無後，我們又開始有一搭沒一搭地寫email，這也是個讓我練習書中概念的大好機會。我們在二〇一四年的夏天見面，有愉快的時候，也有緊張的時候，而我選擇維持自己的界線，所以有些對話我不願意繼續，我也讓她明白這些事情與我無關——對，與「我」無關。因為她相信有些家人背棄她，但那不甘我的事！

此外，我也向她解釋，我不需要取得她的同意，我不再讓她為我的情緒負責，我也不再為她的情緒負責。我說：「如果你對我失望或是想羞辱我，那是你的事。」

當我們道別時，她問：「我們以後還可以打電話跟見面吧？」我回答：「當然。」

結果並沒有。雖然我們還是有透過email聯絡，但是在二〇一五年春天我問她要不要聚一聚時，她回信說見面沒有意義，而且我在她身邊會讓她不舒服。

我受到打擊。我哭了，哭到快不能呼吸。我心裡的小女孩覺得被媽咪拒絕了。我立刻想打電話、寫email、或是在社群媒體發文，只要有人能聽我說……

「看吧！她就是這樣對我的！」

我幫自己找到可以再度放送過往恩怨情仇的理由，而不是創造一個新的故事。然而，成人的我卻覺得鬆了一口氣，然後又有點罪惡感——我鬆一口氣的部分原因是，我的內心深處其實是希望她能拒絕我，這樣我就不用當壞人。

也許有一部分的我希望事情往這個方向走，好讓我覺得對她的觀察是對的。然而另一部分的我感到罪惡，因為在我的情緒更為成熟穩定後，我卻「拋棄」了母親。也許我製造了讓她拒絕或懲罰我的機會？又或許我只是把決定權交給她，讓她去選擇我們的相處方式？我很容易就這樣鑽起了牛角尖。

經過一個小時的沉澱（不是幾天幾週幾個月甚至幾年），我從「可憐可憐我」模式（無助的小女孩沒辦法照顧自己），切換到「管你去死」模式（我內在的叛逆青少年），再換到「偽裝成大人」模式（「我掌控一切」），最後又回到可憐模式。

我抓到自己陷入這該死的循環，然後哈哈大笑。感謝我媽，讓我得以看清我的心裡是這麼想討拍。我可以感覺到大腦的神經元正往那條老路奔去——原來，我的大腦喜歡人家可憐我。

所以我問自己：「現在我想成為怎樣的人？我要說什麼好讓我喜歡自己？」我的答案是：我要成為一位不過度做反應、防禦，也不討拍的成熟女人，一個選擇愛母親但不要相愛相殺的女人。我要自由。

我要成為自己的領導者。

所以我按下「回覆」然後輸入「好，如果你之後改變心意的話再跟我說。」

我自由了。

當你改變過去的相處模式，你母親可能會不高興，可能會反抗，或是感到困惑。建立新界線時可能會遭遇一些阻力。不過，這是很常會發生的狀況。

想一想

當你無法控制你母親，或是她對你選擇改變感到不悅，你可以選擇安頓身心。這不是保證你再也不會難過或生氣，而是你會支持自己。在你引導母女跟自我關係的方向時，無論出現哪種情緒你都能掌握。選擇重視自己的感受，就是過程中最有權力的部分，因為這讓你坐上人生的駕駛座。

第23章

選擇無條件的愛

現在你已經瞭解想法與情緒的本質，以及它們之間的相互作用，我想問你：當你想到你母親，你想要怎麼感覺？所有的情緒裡，你選擇哪一種？

我猜「愛」應該不在你的選項裡。當然，我的選項裡也沒有。

一開始，我以為我可能不會一直愛著我母親，或是停止去想她帶給我的不安、威脅或恐懼。如同之前提到的，我有好幾年的時間，對母親的感覺是陷在憤怒、鬱悶跟怨恨裡，雖然我知道那樣不好，但我相信這些情緒可以保護我。我也知道可以克服負面感覺，但又深怕如果我放下這些感覺，她就「贏了」，然後我就只能聽命於她，唯她是從，更無法脫離她謾罵或是失能的行為。我是多麼想要愛她啊，但那時總是不知道該怎麼做才能同時保全自我。

當時我覺得自己只有兩種選擇：一個是保持憤怒來保護自己，另一個是「愛」她，然後讓她把我吃了。其實，那是因為我不明白，愛是一種我可以選擇的感覺；愛不是一個概念、行動或強迫甚至期待我去做的行為。

所有的情緒，從恐懼與憤怒，到快樂與愛，不多不少，都是我們體內感受到的波動。羞恥通常是臉跟脖子上感覺到熱燙；哀傷是喉嚨與心臟的劇痛；憤怒則像颳倒我的強風，我會感覺有點嗆到；焦慮是腳軟，急促的呼吸跟翻攪的胃。

那麼，愛呢？它讓心頭變柔變暖，肚子溫熱。我越瞭解愛，就越明白它不是附帶條件的情緒。我可以創造它、感覺它，只因為我想要它。

因為我喜歡愛帶來的感覺，在我想到我母親時，我有意識地選擇去感受愛（這裡不是「愛與光明」靈性充滿的那種），而不是選擇憤怒、鬱悶跟怨恨（因為我不喜歡這些感覺）。我也選擇擁有很好的界線。

當你選擇感覺愛，你就會感覺到愛，不用條件。這不是要你為母親的心情或是名聲負責，也不是要你花時間陪她或勉強自己跟她講話。你不用擺出笑臉或是假裝喜歡她，你不用聽命於她。

現在你學到了如何覺察自己當下的感覺，以及感覺與想法之間的相互作用，而不是將它們依附在你母親所言所行上，這是你可以選擇的。

選擇「愛」對我最有幫助的是，我瞭解我媽不用為了讓我感覺到愛而改變她自己。因為愛沒有條件。那是我的責任，不是她的。我不必為了能讓自己感覺到愛，而依賴她去做任何事。我選擇愛，我就感受到愛，而我喜歡愛的感覺。

我也從雙方有愛與尊重的位置，建立良好的界線。最重要的是，當我不再讓她為我的感覺負責，我也就不再讓自己負責她的感覺。我們是兩名獨立自主的女人。一位母親與一位女兒，我們各自擁有力量。

想一想 大部分的人將愛與忍受惡劣行為劃上等號。不妨換個想法，愛永遠是個隨手可得的選項。你不用每次都選它，但你永遠都有這個選項。愛並不因為某些條件存在與否而改變；愛不表示要忍耐惡劣行為或是沒有界線。我認為好的界線是讓愛能茁壯成長的部分原因。即使你選擇跟你母親不見面不說話，你還是可以選擇想到她的時候，感受愛。

引導練習

- 閉上雙眼，深吸一口氣，吐氣。放鬆肩膀。眼睛也放鬆。再深吸一口氣，吐氣。
- 想想你喜歡的人或事物。想著他們帶給你的快樂，以及你喜愛他們的程度。
- 繼續專注直到你感受到身體的變化，試著描述出來。是身體的哪一部分感覺到的？它有觸覺嗎？有溫度嗎？有顏色嗎？
- 現在改想某位你很難感受到愛的人。把對這人的怒氣、怨恨跟鬱悶通通召喚出來，直到你的身體有感覺。去認識這些感覺，就像你想知道無條件的愛一樣。感受一下，它們和愛相比，哪一種感覺比較好？

- 明白去選擇感受無條件的愛，是對自己有益的。只要你願意，就能馬上感受到。
- 真正理解「無條件去愛」的行為展現，並不是去接受對方的惡劣行徑，或必須去跟對方見面、說話。無條件的愛是當你想到這個人，你選擇去感覺美好。

第24章

掙扎的反面是什麼？

記憶中我的母女關係裡，幾乎時時刻刻都在掙扎。在前面的章節裡我寫到了一些個人經驗，而最初的某些記憶裡，有次是我坐在兒童椅上，受到驚嚇與憤怒而大哭。因為我媽把一碗泡了牛奶的穀片往我頭上倒——顯然是因為我很固執，不肯吃完。

比較近的記憶是，有一次我對著窗外的她微笑，她斜眼看了我，比出一根手指（對，就是那根）。

無望、無助、焦慮、自我厭惡、無力的憤怒、責怪與羞愧。對，我怪我自己，怪我媽，又因為責怪她而感到羞愧……這些情緒無止境地不斷重複。

人在強烈的情緒下會做出一些誇張的事情。像我，暴飲暴食；在錯誤的地方尋求愛情；把手邊的錢花光光，導致負債累累而必須宣告破產；企圖控制他人而幾乎毀了重要的關係；甚至，我還時常苛責我所愛的人。

在一個更微妙但深刻的層面上，我沒有讓自己完全地去探索、發揮與分享我的天賦與才華。我一直想像自己本來可以成為什麼樣的人，或者相信自己的很多時間都因「沉睡」在生命的方向盤上而浪費了。我悔恨、感嘆，卻不相信這些情況是可以改變的。然後，為了不想再因母女關係而痛苦掙扎，我選了錯誤的方向，將她從我的生活中驅逐了！結果，反而花了更多時間、注意力與能量在這件事情上。

我現在可以告訴你，那並不好受，不過沒到痛徹心扉就是了。雖然那時我不是這樣跟自己說的，但當時，我完全沒有從這關係中解脫，也沒有感到平靜。

（因為這很重要，所以我要再說一次：對某些女兒來說，切斷與母親的連結，或許是最能讓她們感到自由與平靜的方式。如果你也是這類情況，我鼓勵你盡可能在一個清醒的狀態下處理，這代表你會這麼做，不是因為你相信自己沒有其他選擇，而是因為你知道自己現在無法以你喜歡和尊重的方式面對這段關係。）

而我當時也發現，對於母女關係，我需要、想要為自己做更多，也體認到這是必須進入更深層次治療的時候了。（我在進行第一個自我療癒時，就是找到食物與身體之間的平衡。）而在這個層次治療時的工具與方法，很多也跟之前一樣。

所以我那時也用切斷連結來處理我們的母女關係，然後繼續面對接踵而來的另一些心理矛盾（將來也會持續面對與處理，因為對所有人來說，這是進行中的）。當然，我也問了自己很多難以回答的問題，不過重點是，我回答了。答案令我非常滿意。其中有一部分，我這麼回應自己：

這是我人生中第一次，終於……

- 可以過自己的生活，而不會一直想到跟我媽有關的負面思想。

● 可以不用想著要我媽認可我的生活。
● 可以用我原本的樣子展現在世界上，而且——不用怕她。

雖然我跟我媽之間曾經疏遠，但我不用等到她過世才來感覺不同。不止一個女人跟我說過，等到母親過世了她才終於覺得自由。我不想要這樣。而且我現在知道，要感覺自由並不需要依靠我母親的生或死。不依靠外界。一切都是依靠我自己。真正的自由來自你的心。其他人無法讓你自由，只有你有這個力量。

所以我決定要讓自己自由，無論我母親在世與否，無論她同意與否。那麼，「自由」的感覺是什麼？

想像在創造你想要的事物時，不會壓抑自己（因為你怕你母親有意見）。

想像說「不」的時候不用道歉或是解釋。

想像設立保護自己的界線，加強你覺得重要的關係。

想像好好照顧你的身體、心理、心靈與情緒。

想像可以滿足你的需要，並且為此請求協助。

想像你的努力不會被破壞。

想像不用強迫自己。

想像不用傷害自己。

想像為了達到目標而興奮開心時，不必被別人的看法左右。

想像可以問自己想要呈現給世人的樣子，明白這永遠是你的選擇，並且實現它。

想像不用害怕分享自我以及努力成果（當然你可能會緊張，但在可控範圍內）。

想像不用害怕去想去的地方，並且瞭解這跟「不去想去的地方」相比，並不會痛苦或可怕。

想像可以犯錯與失敗，而不用擔心落入羞恥與失望的泥淖裡。

想像可以允許自己懷疑與困惑，知道那只是暫時的，即使當下覺得超爛的。

想像你支持自己。

想像你愛著最棒的自己。

現在呢？想像這正向的影響會如何傳給下一代。我們的母親可能無法如我們所需成為我們的典範，但這不會影響我們，不會阻止我們現在就停止成長。

第25章 給讀這本書的母親們

我敢說當你女兒談到跟你之間的緊張關係時，你一定認為她覺得你是個壞母親，甚至是個壞人，以致於讓她覺得痛苦。你可能還認為她覺得她是關係中的「好人」。

但事實上，她只是跟你不一樣。

因為她需要、想要你的愛跟認可，有時她會扭曲、改變跟隱藏自己。她不是因為自己所作所為是壞的錯的（真的不是），而是因為她怕如果你知道了真正的她，你會收回你的愛。

現在她展現了真實的自己，看起來像她變了，不再像以前聽話順從。因此你們產生了一些摩擦，甚至有些疏遠。

你需要瞭解你女兒：她需要也想要對自己跟她的生活感覺舒服，但如果一直黏著你的話，她沒辦法獨立。

因為你對她來說影響巨大，是非常重要的人，因此她會將過多的注意和關注都放在你身上。雖然沒有意識到，但她已不知不覺以你為中心，將自己的需求和感受放在其次。她是如此愛你，以致於長久以來都依賴著你，與你緊緊纏繞在一起。她以為在這樣的關係中，她終究可以找到獨立的自我，但結果並非如此。

她無法同時兼顧你眼中的她，以及她真實的自我。

因為她缺少自我訓練，所以她心想，至少需要一些空間，好讓她的內外可以整合，成為她理想中的人。

她熱愛生活，覺得自己很棒，喜歡每天早上起床覺得活力十足、人生有意義。她想要聊聊開心的事情，她想要看到其他人美好的一面。她要對她關心的人事物感到愉悅。如果你們只是相處一陣子，她可以做到上述的事情；

但如果你們長時間綁在一起，她就很難做到了，然後變得痛苦掙扎，消耗她的生命力。

這裡有個計畫。她準備要選擇體驗美好的感覺，她也打算要盡可能去想像你也覺得美好。她可以把對你的愛寫滿一頁又一頁，但她無法為你的情緒負責……而你已經企圖讓她為你每個討厭的日子負責。那不是她該做的，是你要做的才對。

她對你的承諾是，她會盡己所能地快樂度日，不會讓你為她的情緒負責。

還有，請你要明白：我看見了。

我看見你受傷與害怕。

我瞭解你可能會認為我想要徹底分裂你跟女兒的關係。

我瞭解你可能相信你女兒透過我來卸下責任。

我知道你認為我只聽一面之詞，就跟你女兒聯合起來欺負你。

我也明白你女兒可能曾經對你破口大罵，她也許很難搞。

我過去就是個難搞的女兒，也許我母親現在依然這麼覺得。但我做的事情不是要分裂你們母女，或要你女兒反抗，而是幫助你女兒探索，並為她自己的信念、想法與情緒負責，從你的身邊獨立出來。我努力要幫你女兒成為她希望的樣子，也就是有創意、自信與堅強的女性。

我說的脫離，並非不尊重或是彼此不相見，而是你們兩位都能成為情緒自主的女性，擁有健康、相互尊重的界線。

有件事情我很確定，過去我曾經厭惡自己，現在我愛自己、尊重自己，並且從這麼對待自己延伸到我母親。

當我能為自己的想法與情緒負責，也就能為自己的行為負責，從此便能停止責怪我母親。這就是我所要傳達的，無論是透過我的書、諮詢專線、工作坊，或是一對一的教學裡，這就是我想要給予的協助。

我們的自由、平靜與快樂將會由此而來。這可能不是件容易的事，但任何女性都必須有所準備，要有意願和能力去完成它。我可以坦白說，這是我為自己做過最困難也最好的事情。
親愛的母親讀者，不用害怕。
你的女兒跟你一樣是女人。
這本書不只寫給你女兒，也寫給你。

第26章

親愛的凱倫，請告訴我……

親愛的凱倫：

最近跟我媽講過話後，我非常生氣。我的故事對你應該不陌生。在我六歲時，我爸媽離婚了。眾所皆知我爸在外面亂搞，還有情緒控管問題，但他努力工作。即使我媽最後嫁了一個好人，婚姻也維持很久，但在我的人生裡，我媽不斷對著我指責我爸的不是，然後補一句：「但你要記得，他是你爸。」

聽了幾十年他怎樣欺騙跟糟蹋她，我學到不要像我爸，也看不到他身上任何的正面之處。我接受了他其實是個有缺陷但很努力的人。

我媽現在年紀大了，也開始有些失智狀況。她偶爾會重提舊事，最近還要了一份他的訃聞。讀完後打電話給我，繼續抱怨。我覺得很受傷。我知道要她停止批評是白費唇舌的，因為過去幾年我已經跟她說了無數次，每次她抱怨他，就好像用把刀插到我心上。

我試著讓自己跟情緒保持距離，但它們就是散不了，現在仍在。我不知道是不是因為我把她的怨言聽進心裡了……畢竟沒有女兒會想看到自己的父親這樣。

＊＊＊

是的，我知道很多女性跟你一樣。我記得有一天我媽對我說：「凱倫，你爸是個徹底的失敗者！」在我問她如果她可以回到過去，她會選我爸或是我繼父（她也和我繼父離婚了）。

我哭得比以前還久還悲慘（一點都不誇張）。

我當時不明白，但我現在懂了，我的絕望、悲傷與憤怒不是因為她說的話，而是我讓她的話產生了意義：我的存在，只是個不經意的錯誤結果。我甚至把這話語解讀成對我的輕蔑與不屑。這不代表我需要責備自己，也不代表我認為做母親的跟女兒講這些話是可以接受的。

此外，到後來我才終於懂的就是，我跟我母親在情緒上糾葛不清，是因為我們之間沒有界線。如果我有適當的界線，我就不會問她那種問題；如果她有適當的界線，她就會用不同的方式處理。這件事不該讓我要痛打自己或是責怪她。

現在，我選擇不問我母親這類問題。如果她要批評或是對著我抱怨我父親，我會讓她知道這沒什麼好談的。我在這件事上的界線已經很明確了。

也許期待你母親不再抱怨是徒勞無功，但是要求她停止抱怨是做得到的。

以下有兩種建立界線的對話模式供你參考（可回頭參閱第十三章的詳細

說明，內有這兩種要求技巧與其他建立明確界線的方法）：

1.「要求—好處」模式：媽，如果你能停止對我抱怨爸爸，我會很感激的。要是我們能迴避這類話題，我們之間的關係會更穩固。（細節依你的需求調整）。

2.「要求—後果」模式：媽，請不要對著我抱怨爸爸。如果你還要說，我就要掛電話了（或是離開房間等等）。

同時，你可以問自己，當你母親抱怨你父親時，你讓那些怨言產生了怎樣的言外之意？藉由這些方式，或許可以讓你感到平靜。

你覺得呢？

給你很多很多的愛

凱倫

＊＊＊

親愛的凱倫：

我媽在我背後對家人說我閒話，讓所有人都討厭我，我該怎麼辦？

知道你母親在你背後散佈不實的謠言令人很難受。

讓我們假裝她所言所行，其實是她過去人生裡遭遇的事情，包括她父母對待她的方式，她的恐懼、防衛、信念等等。

也假裝所有的事情都與你無關，即便內容是直接針對你或是你的事。

最後，讓我們猜測她正在受苦，即使外表看不出來。**講一些惡意、不實的話，是受苦的一種表現。**

（請想想這句話……）

講一些惡意、不實的話，是受苦的一種表現。

這不表示她的痛苦是你的責任，那只是一個信號。暗示你要暫停，深吸一口氣，問你自己：「我相信什麼？我想要相信什麼？我要怎麼感覺？這個當下我要呈現的樣子是什麼？」

藉由這個方式，你會減少痛苦，而獲得更多的自由。

當你練習不把母親的所言所行攬到身上，可能會發現她就此停手。當你相信她說的，並接下她的痛苦，你就會明白，一切只是虐待。你會知道你的名聲與價值，並不是由你母親所言、所行、所信來決定的。

如果必要，你可以走開，以免為自己製造更多痛苦，不用試圖說服她你是個好女兒。

你的存在本身就是美好的。

至於其他家人……

「……如果我們想要自由，也必須讓其他人自由。我超痛恨這句話！它意思是我們得讓家人和朋友或整個社交圈的人自由地當個混蛋——如果這是他們的選擇。不過，這不代表我們得跟他們一起吃午餐，或是再跟他們一起去度假。但我們必須讓他們自由。」

——安・拉莫特（Anne Lamott）

我真的超愛勇敢做自己的安・拉莫特。

給你很多很多的愛

凱倫

＊＊＊

親愛的凱倫：

由我主導的「不聯絡」變得有點詭異。我覺得好過多了，也知道這對我最好，但是我媽把我爸跟我妹牽扯進來，讓「不聯絡」變得更加困難，也成為我的壓力來源。她拒絕聯繫我，我爸還沒來問我，但她已經每天問我妹有沒有跟我說過話。另外，我媽現在在臉書上貼出意有所指的被動侵略式文章，例如「我的人生裡只需要那些需要我的人。」

我現在最困擾的是該如何重新聯繫。我不想要事情變得難以控制，我們已經一個月沒聯絡了。

我試著堅守立場，但也因為其他人被牽扯進來而感到害怕。我真的不想要事情變得一團糟！我不知道自己是否準備好跟她重新相處，即使現在已經明白「自戀的母親」是怎麼回事，並且明白她如何控制我的思想與情緒，但我不打算在還沒建立好界線跟自我支持時就貿然跳入這團混亂。可是三個家人一起反對我的感覺，實在很難受。

期待您的建議與幫助，謝謝！

請容我再度重申，我的工作是幫助你，用你的方式掌握你的人生（而不是告訴你該怎麼做）……對我們這些有「媽咪困擾」的人來說，時常會既感到不知所措，又覺得有一股自主的清流在體內流竄。

那麼讓我們假裝一起做喝茶聊天之類的事情如何？

首先，我分享一下我自己的故事……或許可以讓你參考與做出決定。

當我在二〇一〇年底（表面上）與我媽斷絕關係（因為我認為她在電子郵件上寫的內容成為「最後一根稻草」），我以為事情永遠結束了。我當時是這麼希望的，因為我受夠了她完全不像個母親。

當時我不知道該怎麼描述，但現在我知道，我們兩個的情緒糾纏不清，我無意識中相信她主導我的情緒，無論她是否在我身邊。即使我們沒有見面沒有說話，我還是跟她「綁」在一起。我經常想到她，只要有人願意聽，我就一直講她。

幾年之後，當我學習著現在我在傳授的技巧與工具時，我興致勃勃地要付諸行動，相信這些技巧可以「修復」關係，讓事情「變好」。回頭看，我必須（溫柔地）笑笑當年的自己。

當時的我不懂，真正能讓我覺得好過的是關心我自己：我的想法、我的情緒跟我的行動。我一開始不想關心自己，是因為我活在「聽話」與「對抗」中。我那時幾乎不知道原來我有自己的想法跟情緒！

當時的我不信任自己，因為我不知道少了我媽，我還能是誰。

不過，我還是暫時從我們的關係脫離，想要藉此瞭解自己。結果，我變得更像「我」。我更加喜歡、尊重與信任自己，無論我媽是否在我身邊，這種感覺都不會變。而且，我也支持自己的價值觀與喜好。

回到你的問題，要如何重啟聯繫，以下是要事先想過的問題：

● 你為什麼要重啟聯繫？
● 你希望得到什麼？
● 你喜歡並尊重你提出的理由嗎？
● 對你來說重要的價值是什麼？
● 你的優先順序是什麼？
● 你要如何對自己溫柔？
● 你需要什麼樣的界線？
● 如果對方跨過你的界線，你相信自己會挺身而出嗎？

最終，還是要回到「信任你自己，並聚焦在你現在想要與需要什麼」。在我們的社會裡，女人並不被鼓勵去做這些事情（事實上，還會因此默默受到懲罰），所以很容易會感到害怕與罪惡。

請記得，對自己仁慈不表示你就會對別人刻薄。仁慈永遠是對的。

最後，無論你現在做出什麼選擇，你永遠可以改變。別擔心。

給你很多很多的愛
凱倫

P.S. 你可以考慮先不要追蹤你母親的臉書。

＊＊＊

親愛的凱倫：

請問你如何處理失能的母女關係中，遇到母親過世的狀況？我本來以為自己可以面對母親的過世，但並沒有我想的那樣簡單。我經常陷入負面思考，接著就開始忿忿不平。我想要相信並且保留正面的回憶，本來以為是治癒的機會卻演變成痛苦與傷害！能給我建議嗎？

雙方在世時的母女關係就已經很複雜了，當母親過世時，有可能變得更複雜。

我首先建議，不要評斷你自己或你的情緒（無論是「正面」或「負面」）。你是個凡人，生來就是要體驗各種人類情感。

也要記得沒有「錯誤的」情緒這種事。

當我們以為，聽到某人（特別是自己的母親）過世時「應該」要有什麼感覺時，其實就已經是自尋煩惱了；萬一我們當下的感覺不是我們認為應該有的，就會覺得自己哪裡有問題。

情緒不是要拿來證明什麼，它們只是由思緒造成的體內波動。

有時候這股波動令人不舒服。憤怒、苦悶跟傷害可能會令人不愉快，也許偶爾還有後悔與罪惡感，最後再加上悲痛……哇，這也未免太多了！

會產生這些情緒並不代表你不好，或是你哪裡不對勁。這只說明你是個凡人。

沒有人會想要經常感覺到那些不愉快、有時甚至是極其痛苦的情緒。

以下五個步驟可以幫助你：

步驟一 覺察。注意這些不舒服的情緒產生時，你的身體有什麼反應。不要評斷你自己或這些情緒（例如，憤怒並不醜陋）。不要轉移注意力，或是假裝沒有情緒。

步驟二 允許。允許情緒存在。不要去抗拒、反應或轉移。而是放下對情緒的抗拒、反應或轉移。主動去感受這種不舒服的感覺。

步驟三 接受。為情緒命名，大聲說出來或是寫下來。越明確越好，而不是只說「我心情不好」，要找出特定的描述，例如：我很生氣／苦悶／受傷／悲傷／安心／悲痛／後悔。有意識地認出負面情緒以減少衝擊。

步驟四 描述。清楚描述情緒的感覺，好比是對不知道情緒為何物的火星人說明一樣。（它在你體內的何處？什麼顏色？是否有觸感？有溫度嗎？身體上的感受為何？）

步驟五 同意。同意自己去感受負面情緒，你可能會發現正面的情緒也會跟著出現。

大多數時候，這些步驟可以讓任何情緒在幾分鐘內消散。情緒只是一種波動通過你的身體，然後它就消失了。

但也有不容易快速消散的情緒，例如悲痛。可能會有沉重、沮喪或是焦慮殘存。再次提醒，這不代表你沒做對，只需要多重複幾次上述的步驟，就會漸入佳境。

想一想 選擇用溫柔對待自己與情緒，它們終究會像海浪一樣快速退去，抗拒或忽視反而會讓它們久久不散。

書寫指引 在你母親過世後，你因為自己、你母親跟母女關係而感到生氣、苦悶與受傷，你如何定義這些情緒？是否有另外的角度能讓你比較舒服一些？是什麼呢？

引導練習 只要把手放到心上。這一個自我關愛的小動作，可以安撫大腦裡的戰鬥／逃走反應，重新與創意、解決問題的部分連結。

好好面對心裡的傷痛。

＊　＊　＊

給你很多很多的愛

凱倫

親愛的凱倫：

所有最冒犯的批評只有我媽才說得出口。她會嘲諷我的體重（無論胖瘦都有話要說）、我的頭髮（太「狂野」）、我的小孩（因為我沒照她養大我的方式養小孩）、我丈夫（他太「安靜」）……等等，什麼難聽的評論我都聽過。

我會試著不要被影響。有時成功，有時失敗，然後我會整個人大爆發。這讓我好困擾，我該怎麼辦？

這大概是最普遍的母女心結吧。

當我收到類似的諮詢，總會問朋友跟客戶這個問題：「你母親對你說過最難聽的話是什麼？」

她們給了我這些回覆：

「時候到了。」或是「他本來就應該要做的。」（當我丈夫在家裡做了什麼，她故意表現得很驚訝、誇張，因為他平常很少討她歡心。）

「你真是丟臉。」

「你的屁股怎麼還是那麼大？」（在我減了三十磅之後。）
「不要臉。你以為自己是誰？沒禮貌。以為你是明星嗎？」（還要搭配翻白眼、搖頭，以及她在生氣、失望時發出嘖嘖聲的多種組合。）
「如果我想要多吃一份食物，她就會發出豬叫聲。」
「你永遠不知道你讓我吃了多少苦。」
「你看起來真像個廢物！」（在我三十二歲時，沒有化妝也停止染髮。）
「你以為自己是條狗嗎？你洗完澡後，頭髮甩一甩，就準備要出門嗎？」
「你的屁股大得跟泡泡一樣。」
「我現在瞭解為什麼你丈夫要休了你。」
「我真的很慶幸你沒再生。」

當我們在孩童期（甚至在二十歲左右），前額葉皮質（大腦中比較「高」的部分，主掌邏輯與客觀思考）尚未得到充分發展，所以我們傾向以為事情發生的原因，或是旁人無心的話語，都跟自己有關。

女兒（即使已經成年）想要尋求母親的認可與贊同是很正常、自然的表現。所以當母親對我們說了什麼，我們就會讓它聽起來像她不贊同，而感覺受到冒犯、傷害、惹怒，或許還會覺得自己無價值。這時我們會退縮，讓現在已經成熟的前額葉皮質被大腦更低下的部分給控制住。

基本上，如果你被母親說的話給激怒，無論是關於你或你的小孩或丈夫，很可能是因為（在某種程度上）你相信她，或是認為她說的是負面或「壞」的。但有時候是以上兩者皆是。

其實，如果你不相信她說的，或是不覺得是負面的，你就不會被激怒。

我知道要推翻多年根深蒂固的信念不容易，一旦你發覺某個信念已經不適合現在的你，如果你願意觀察這些信念在何時何地出現（以及在你體內的感覺），你就會發現一切豁然開朗。

當你看清楚後，就不會再被矇蔽，這就是神奇的地方！

所以要怎麼做呢？

- 選出一件你母親說過，讓你覺得冒犯的事情，寫下來。
- 問問自己，為什麼如果你母親不要說那件事的話，會對你很重要？（你可以更深入，問問自己在那個特定的狀況下，為什麼需要她的認可。）
- 你相信她說的是真的嗎？如果是，為什麼？
- 你相信她說的是負面或壞的嗎？如果是，為什麼？
- 針對你母親對這件事的評論，你想要相信什麼？
- 你想相信的，會帶給你什麼感覺？
- 重新建構這件事：我媽說（寫出母親說的話）。我不同意，也不覺得（寫出母親說的話）是壞事。我想要相信的是（寫出你的信念）。
- 你能為自己想要相信的事情找到證據嗎？寫出來。

我個人的經驗是，一旦我不再尋求母親的認可與同意，我就比較不容易被她的話激怒。

給你很多很多的愛

凱倫

第27章 最後——

終於，我們來到了最後一章。你已經不是剛打開這本書時的那個女人。我當然也不是剛開始寫這本書時的那個女人。

什麼事情改變了？你的現實生活有哪些新改變？你重新建構了什麼故事？你建立了哪些界線？你對自己許了哪些承諾？又遵守了哪些承諾？

遇到跟你及你母親有關的事情時，你停止了哪些「應該」？你如何開始照顧自己跟滿足自己的需求？你正在實踐自由和自主嗎？有哪些需要加強的？

你可能有點緊張不安，擔心是否真的能靠自己辦到。我對你的期許是，無論你選擇怎麼做，你要優先考慮自己——為了自己而做，不是為了你母親。我很確定，你努力做到的自我覺察是無價的。

我以前有個工作坊的學員說得很好：「**當你能自己述說故事，而不是被故事述說，你就能夠真正地幫助他人。你會知道，在你內心深處，你的『為什麼』。**」

我的「為什麼」是，我這麼熱切想幫助女性改變她們的母女故事是因為：

這個世界需要真正為自己感到自豪、肯定和自信的女性，需要熱切想要創造的女性（這裡不是指藝術創作，除非她們在這方面有特別的表現）。我認為當女性肯定自己，她們會為世界帶來美好。

她們是很棒（但不是完美）的朋友、伴侶、妻子、母親、姊妹。她們有自信，努力與眾不同，但不是出自絕望或為了證明什麼，而是為了單純的快樂與活力。

當女人肯定自己，她們會是很棒的科學家、教師、舞者、政治家、作家、工程師、詩人與商業人士。

當女人肯定自己，她們會喜歡自己天生的模樣。她們會妥善地照顧自己，因此能夠養育扶持他人。

當女人肯定自己，無論她們想做什麼都是好的。

她們是「發揮無限可能」的最佳典範。

但因為世世代代由母親傳給女兒的生活模式與人生故事，讓某些女性害怕肯定自己，她們害怕創造，害怕發光發熱，害怕將自己放在優先位置上。

我跟我媽的關係是彼此謾罵、失能、依存、糾纏，結果是，我跟自己說了一個非常龐大的故事，大到我被它宰制多年。故事的大意是：我很可悲、很壞、沒有價值，我無法相信自己，無法照顧自己，我應該以自己為恥。

因為這個故事，以及它造成的情緒，讓過去的我很可悲、易怒、防衛心重且相當怯懦。小時候我成績不佳，靠食物逃避，等我長大成人，我開始跟不同的男人上床，以為這是唯一能讓男人愛我的方法，我甚至嫁給一個為了綠卡才娶我的傢伙。更糟的是，我把手頭的錢花光光，然後負債，最後宣告破產。我徹底傷害了我愛的人啊！

當時我的人生雖然不到災難等級，但我卻放任自己發爛，不知道自己有何可能性。我不知道自己想要什麼，也不知道自己該渴望什麼。

我害怕「擁有目標」和「負起責任」，焦慮程度簡直要衝破屋頂（說來好笑，我的焦慮以嘔吐恐懼症呈現。幾乎讓我動彈不得，特別是冬季。有一陣子我甚至以為自己這輩子都出不了家門）。這種狀況持續了幾年，我現在才知道原來當時面臨的是創傷後壓力症候群。我現在也知道，在那之後會迎來創傷後的成長。

透過多種治療方式（傳統和不太傳統的），更不用提我還讀了許多關於自戀型母親與無法愛人的母親的書，我開始覺醒了。因為這些治療方式與書籍的解說，我感覺自己不孤單，並且理解自己變成這樣子的真正原因。於是，我將過去宰制我的人生版本變成：因為我母親從過去到現在都是那個樣子，我毀了——但我還有救！雖然傷痕累累，可是人生就是這樣啊！

過去，我絕對不會意識到自己的存在價值和重要性。

雖然我不時會感受到自我真實而強大的本質，但一直以來我告訴自己的人生版本卻是如此不可動搖，深深影響著我，因為那是我最熟悉的過往。更重要的是，我不自覺地恐懼著，萬一我露出真實的自我，我母親絕對不會贊同，也不會愛我。我這麼說，當然是有強力的證據……但話說回來，如果連母親都只有在你完全迎合她的期望時才愛你，那麼還有誰會愛你呢？

透過結合書寫（這是我心中最棒的療法）以及有力的人生教練，經過兩三年的努力，我脫離了母親帶給我的母女故事。我回到真我，成為一個有力量、自主的女人，理解了真實創意的本質。

此外，對我相當重要的人際關係（例如跟我丈夫、繼子女、姊妹與朋友），也變得更健康更穩固。為什麼？因為我過去以為的真實自我並不是真的，所以我不再假裝了。

更棒的是，我為那位對我來說最重要的人而感動，那就是「我自己」。

但如果我說我完成了，我來到了終點線，那是騙人的。說到我的母女關係，我永遠沒有完成的一天。我認為，現在與其害怕這個事實，我不如選擇咀嚼它、品味它。而維持心智清晰的關鍵，則是時時練習那些工具。

我的使命是要幫助你肯定自己，理解自己的價值和重要性，並且卸下你的情緒扳機，建立滴水不漏的界線，重新定義、溝通好讓成年的你和母親的關係獲得改善（如果這是你想要的）。而你一旦理解自己過往的那些經歷，就不會再因此受苦。或許你的改變，會促使你母親也想要親自來練習體驗！請記得，無論你現在前進到哪個位置，都是好的；當你用更開放的態度去看待你和母親的關係，對她來說也是好的，因為這代表你能夠更理解她的立場，進而與她建立更健康、更成熟的關係。

推薦參考資料

想深入瞭解的人可以參考以下資料。有些在書中有提過，有些沒有。

- 《母親—女兒智慧》（*Mother-Daughter Wisdom*）／克莉絲汀・諾瑟普（Dr. Christiane Northrup, MD）著。這本書是我最早接觸到母親對女兒影響力的書籍之一。

- 其他適合女兒讀的好書還有，蘇珊・佛沃博士（Dr. Susan Forward）的《母愛創傷》（*Mothers Who Can't Love : A Healing Guide for Daughters*）、凱莉爾・麥克布萊德博士（Dr. Karyl McBride）的《媽媽的公主病》（*Will I Ever Be Good Enough: Healing the Daughter of Narcissistic Mothers*）、琳賽・吉普森博士（Dr. Lindsay Gibson, PsyD）的《假性孤兒》（*Adult Children of Emotionally Immature Parents: How to Heal from Distant, Rejecting, or Self-Involved Parents*）。

- 關於受害者意識的必讀書單是琳恩・佛洛斯特（Lynne Forrest）的《超越受害者情結》（*Beyond Victim Consciousness*）。
- 瑪雅・安吉羅（Maya Angelou）的作品為世界所有女性帶來啟發。
- 黛比・福特（Debbie Ford）的《逐光者的黑暗面》（*The Dark Side of the Light Chasers*）是講生命陰影的必讀書目。
- 伊雅娜・範贊特（Iyanla VanZant）的實用智慧永遠能帶領我走在對的路上。

- 凱拉・麥克拉倫（Karla McLaren）的《情緒的語言》（*The Language of Emotions*）為情緒中的智慧與能量提供了豐富的情境與解說。
- 我的健康界線導師是藍迪・巴克萊（Randi Buckley）。
- 我最喜歡的情緒自由技巧（即「輕拍」）是瓊迪・懷蒂絲（Jondi Whitis）提出的。
- 與身體的健康關係，我建議可以讀吉寧・羅斯（Geneen Roth）、梅麗莎・多勒（Melissa Toler），以及「身體不用道歉行動」（*The Body Is Not An Apology*）部落格。
- 給父母的推薦資料是喜法莉・薩貝瑞博士（Dr. Shefali Tsabari）的

《覺醒父母》（*The Conscious Parent*）跟《覺醒家庭》（*The Awakened Family*）。

- 教養青少年女兒的智慧與實用技巧，我非常推薦貝絲・巴德・史密斯（Betsy Baird Smith）的作品。
- 馬歇爾・盧森堡（Marshall B. Rosenberg）的《非暴力溝通》（*Nonviolent Communication: A Language of Life*）會幫你改善各種關係。
- 寫創意培養的書裡，我推薦蘿拉・萬森（Laura Munson）的「避風港寫作靜修」（Haven Writing Retreats），還有伊莉莎白・吉兒伯特（Elizabeth Gilbert）的《創造力》（*Big Magic: Creative Living Beyond Fear*）以及茱莉亞・卡麥隆（Julia Cameron）的《創作，是心靈療癒

的旅程》（*The Artist's Way*）。

- 要瞭解多元交織性女性主義（還有閱讀令人茅塞頓開的文字），我推薦羅珊・蓋伊（Roxane Gay）的作品。
- 布芮尼・布朗（Brené Brown）的作品深具啟發性，講述脆弱、自卑以及適應力，會改變你對人性的看法。
- 想知道創傷解析、健康的性慾，可以參考創傷解析教育者與人生教練，瑞秋・馬多斯（Rachael Maddox）的《祕密壞女孩》（*Secret Bad Girl: A Sexual Trauma Memoir and Resolution Guide*）。
- 其他跟創傷有關的推薦書目，還有貝塞爾・凡德・科爾克博士（Dr. Bessel Van Der Kolk）和嘉柏・麥特博士（Dr. Gabor Maté）的作品。

- 健康的愛情關係，我推薦瑪姬・梅耶斯（Maggie Reyes）的作品跟網站「當代婚姻」（Modern Married）。
- 探討健康的分手，沒人能比上凱薩琳・伍沃德・湯瑪斯（Katherine Woodward Thomas）。
- 更多關於「母愛創傷」的討論，我推薦貝塔妮・韋伯斯特（Bethany Webster）的作品。
- 如果沒有「人生教練學校」（The Life Coach School）的創辦人，布魯克・卡斯提洛（Brooke Castillo），我不會是今天的我。
- 瑪莎・貝克（Martha Beck）的作品，特別是《戴安娜與她自己：一則覺醒的比喻》（*Diana, Herself*），會幫你用最愉快的方式適應各種情況。

- 拜倫．凱蒂（Byron Katie）的作品則幫助你審視自己的想法。
- 如果要健康地討論死亡，就不能錯過瑪莎．阿特金斯博士（Dr. Martha Atkins, PhD）的《死亡的路標》（*Sign Posts of Dying*）。

致謝詞

我深深感謝以下人士的支持、鼓勵與啟發：

克莉絲汀·穆勒，是和我一起探索的人，也是作家、朋友、滋養者跟我的經紀人！你相信我跟我的書，我永遠感激你。

布蘭達、朱莉、莎莉、克莉絲汀跟南西，我的避風港女巫姊妹妻子。

蘿拉·萬森幫我把文字提升到靈魂層次。

布蘭達·耐特，我的編輯，帶領這個出版計畫。

辛西亞與桃樂絲，無疑地是我過去與將來，完美的母親與祖母。媽媽與奶奶，謝謝你們的人生課程、掙扎、歡笑、淚水與全部。

提摩西，一開始不愛我但後來最愛我的人……甚至在我不知道該怎麼愛自己之前就愛著我。如果我知道愛是什麼，一定是因為你。謝謝你，我最親愛的提姆。

國家圖書館出版品預行編目（CIP）資料

不被愛的女兒：別受困在無法和解、修復的母女關係裡，不必勉強自己成為母親滿意的女兒/凱倫.安德森(Karen C.L. Anderson)
著；陳采瑛譯. -- 初版. -- 臺北市：遠流出版事業股份有限公司，2023.06 面；公分
譯自：Difficult mothers, adult daughters : a guide for separation, liberation & inspiration
ISBN 978-626-361-116-0(平裝)
1.CST: 母親 2.CST: 親子關係 3.CST: 女性心理學 4.CST: 家庭心理學

544.141　　112006405

不被愛的女兒

別受困在無法和解、修復的母女關係裡，不必勉強自己成為母親滿意的女兒

Difficult Mothers, Adult Daughters

作　　者｜凱倫・安德森（Karen C.L. Anderson）
譯　　者｜陳采瑛
副總編輯｜簡伊玲
校　　對｜金文蕙
美術設計｜王瓊瑤
特約企劃｜林芳如

發 行 人｜王榮文
出版發行｜遠流出版事業股份有限公司
地　　址｜104005 台北市中山北路 1 段 11 號 13 樓
客服電話｜02-2571-0297
傳　　真｜02-2571-0197
郵　　撥｜0189456-1
著作權顧問｜蕭雄淋律師
ISBN｜978-626-361-116-0
2023 年 7 月 1 日初版一刷
定　　價｜新台幣 340 元（如有缺頁或破損，請寄回更換）

YLib 遠流博識網
http://www.ylib.com
Email: ylib@ylib.com